国家社会科学基金“十二五”规划教育学国家一般课题“我国民族特困地区县域教育发展现状及对策研究——以内蒙古、宁夏、广西为个案”（课题批准号：BMA130113）的最终成果

民族特困地区县域教育发展研究

Research on education development in counties of poverty-stricken ethnic areas

陈立鹏等 著

中央民族大学出版社
China Minzu University Press

图书在版编目（CIP）数据

民族特困地区县域教育发展研究／陈立鹏等著. —北京：中央民族大学出版社，2019. 7

ISBN 978-7-5660-1629-4

Ⅰ. ①民… Ⅱ. ①陈… Ⅲ. ①民族地区—县—地方教育—发展—研究—中国 Ⅳ. ①G527

中国版本图书馆 CIP 数据核字（2018）第 290905 号

民族特困地区县域教育发展研究

作　　者	陈立鹏等
责任编辑	周雅丽
责任校对	杜星宇
封面设计	舒刚卫
出 版 者	中央民族大学出版社 北京市海淀区中关村南大街 27 号　　邮编：100081 电话：68472815（发行部）　传真：68932751（发行部） 68932218（总编室）　68932447（办公室）
发 行 者	全国各地新华书店
印 刷 厂	北京建宏印刷有限公司
开　　本	787×1092（毫米）　1/16　印张：12
字　　数	186 千字
版　　次	2019 年 7 月第 1 版　2019 年 7 月第 1 次印刷
书　　号	ISBN 978-7-5660-1629-4
定　　价	58.00 元

目　录

Contents

第一章 绪论

一、选题目的与意义

民族特困地区是指出于自然、历史、民族、宗教、政治、社会等原因，一般经济增长不能带动、常规扶贫手段难以奏效、扶贫开发周期较长的少数民族特殊困难地区。2011年，中共中央、国务院印发《中国农村扶贫开发纲要（2011—2020年）》，将全国划分为14个集中连片特殊困难地区，共680个县，作为新阶段扶贫攻坚的主战场。其中包括广西、内蒙古、宁夏、贵州、西藏、新疆等15个民族省份（自治区）的513个特困县。

2017年，党的十九大报告明确指出，“坚决打赢脱贫攻坚战。让贫困人口和贫困地区同全国一道进入全面小康社会是我们党的庄严承诺”，“注重扶贫同扶志、扶智相结合”。习近平总书记多次强调，“扶贫要扶智，治贫先治愚”“教育是阻断贫困代际传递的重要手段”，把贫困地区的孩子培养出来，这才是根本的扶贫之策。扶贫的重点在民族特困地区，扶贫的根本在教育，教育发展的基础和重心在县域。加快推进民族特困地区县域教育发展是实现民族教育与全国教育科学同步发展的客观需要，是努力办好使各族人民满意的教育的必然要求，是改善民生争取民心的根本途径，是促进各民族共同团结奋斗、共同繁荣发展的重要基础，是民族特困地区全面脱贫、与全国同步进入小康社会的必然要求。

要加快推进民族特困地区县域教育发展，科研必须先行。目前，民族特困地区教育研究成果较多地集中于新疆、西藏、四省藏区等区域，相对而言，其他民族特困地区特别是其县域教育发展在某种程度上被忽视，调查研究的一手资料较为缺乏，尚未提出有针对性、实效性的政策建议。通过本课题研究可以拓宽民族教育研究的视野，引起更多的部门和研究人员关心支持民族特困地区教育事业发展。同时，本课题充分服务了国家战略，重点结合了教育部教育扶贫工作，借鉴了丰富的民族教育理论成果，具有较高的理论价值和较大的实践意义。具体来讲，通过本课题的研究，一是获取了民族特困地区县域教育发展的第一手资料，为今后进一步深入研究提供了基础和素材；二是在调研论证的基础上，提出了政策建议，为国家加快推进民族特困地区教育发展提供了咨询性意见。

二、文献综述

课题组在“中国知网”上以我国民族特困地区县域教育发展为主题，对 2013—2018 年有关研究文献进行搜索，得到 200 条记录，其中：硕士论文 106 篇；博士论文 12 篇；期刊 78 篇；国内外会议论文 4 篇；关键词分布如下图。

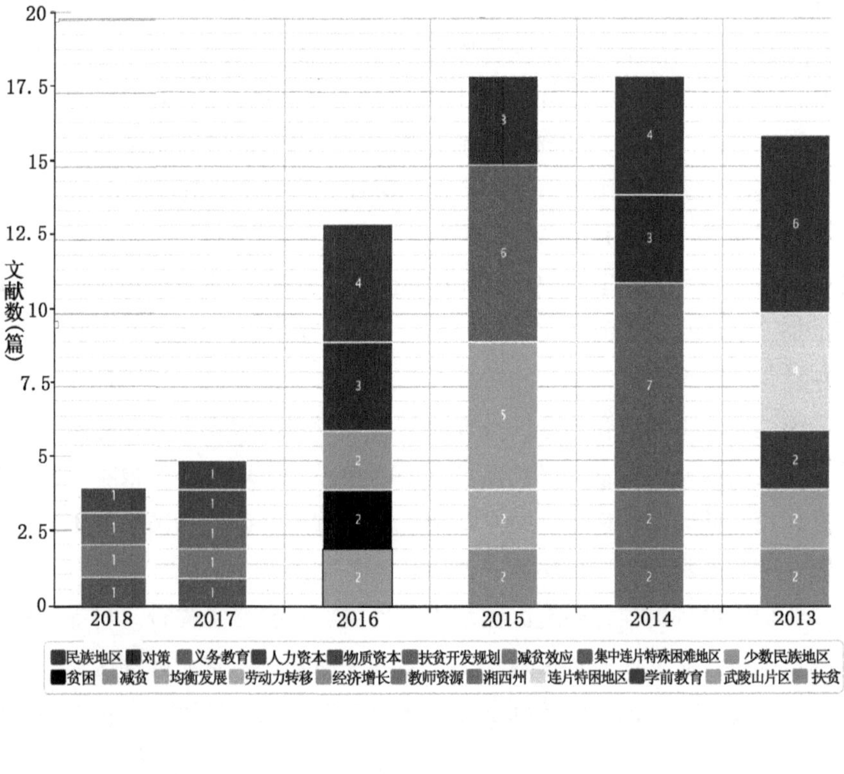

现将已有文献按研究主题分类整理，基本观点梳理如下：

（一）民族贫困县学前教育发展

1. 民族贫困县民办幼儿园的生存状态研究

有学者认为，随着我国社会经济发展的巨大变革与转型，区域、城乡发展的不平衡致使学前教育事业发展的不公平现象表现突出。在一些偏远的民族地区，在政府转变幼儿园办园体制、大力新建公办幼儿园的转型时期，民办幼儿园对保障适龄幼儿接受学前教育、提高学前教育入园率、促进教育机会均等起着关键作用。[①] 有学者对贵州省民族地区的61所合法经营的民办幼儿园进行抽样调查，将32所县域民办幼儿园的园长、教师及家长作为研究对象。民办幼儿园在最近几年突飞猛进的发展与该地区经济发展及教育事业的发展是相吻合的。由于对民办幼儿园的管理缺位，民族地区民办园两极化现象严重、“特色教育”泛滥、小学化倾向严重、本土民族文化缺失等问题凸显。为促进县域民办幼儿园的可持续发展，政府部门有必要宏观统筹、切实落实各部门的责任，加强普惠性民办幼儿园的建设，建立教师对等式交流的网络体系，使民办幼儿园向“公平而有质量的教育”进军。

2. 学前教育事业管理的研究

有学者对贵州省W县学前教育事业管理进行研究，认为其存在的问题主要表现在：（1）教育行政部门在意识上将学前教育“边缘化”；（2）教育行政部门对幼儿园园所规划布局不合理；（3）学前教育管理体制不健全；（4）幼儿师资队伍建设亟待加强；（5）地方政府对学前教育的财政投入严重不足。要发展W县的学前教育事业，须提高相关部门对学前教育事业的管理效率。首先，政府必须从意识层面重视学前教育，明确政府职责，完善学前教育的监管体系。其次，必须加强公办园的建设和民办园的管理，要不断提高公办园的比例；从宏观层面上加强对民办园的管理，并积极扶持民办园的发展。最后，要加强幼儿教师队伍建设，提高幼儿教师的专业素养；开展县域师资培训，扩大培训覆盖面、加强业务指导；开发

---

① 李红霞，李锦江．教育公平视野下民族地区县域民办幼儿园的生存现状［J］．现代教育科学，2014（6）：106-108.

民族特色课程，提高教师专业素养。①

3. 学前教育阶段师资的研究

有学者提出：贵州省民族地区师资建设是加大民族地区学前教育普及程度的关键。通过对松桃县学前教育师资建设的现状调查发现，武陵山片区学前教育师资建设存在薪酬待遇低、缺编情况严重、师生比过低、教职工结构不合理等问题，进而提出提高幼师整体地位、补充合格幼师、吸引和留住幼师及促进幼师专业发展等措施。②

有学者对铜仁市合法经营的民办幼儿园进行调研，发现：民族地区县域民办幼儿园教师以青年为主，入职学历集中在高中或高中以下，入职所学专业以学前教育专业为主，但还有相当部分幼儿园教师不具备幼儿园任课教师资格，幼儿教师专业发展起点低、流动性大、教师队伍不稳定。提出对民办幼儿园教师的聘任制度进行改革的建议，建议相关部门对民办幼儿教师进行统一选聘，保证民办幼儿教师数量的稳定性；在经费的保障上，以民办幼儿园支付为主、政府补贴为辅；通过政府引导、民办幼儿园跟进，民办幼儿园教师在专业发展的起点、教育教学能力、教育教学理念、办园水平上得到质的提高。③

（二）民族贫困县域内义务教育均衡发展

1. 民族贫困县域内义务教育发展现状及均衡发展的主要制约因素研究

民族贫困县义务教育均衡发展水平相对滞后，成为制约民族地区教育发展甚至社会经济发展的瓶颈，有学者认为，云南边疆民族贫困农村地区，2020 年要实现 100% 县域义务教育发展基本均衡的目标，任务艰巨，困难重重，其瓶颈是义务教育资源空间配置的非均衡问题，义务教育资源空间配置显著的差异性已严重影响义务教育发展、教育公平及教育现代化的实现程度，是当前制约区域经济社会发展的短板。④ 学者们对于民族贫

① 石富美．贵州省少数民族贫困县学前教育事业管理研究——以黔西南州 W 县为例［D］．重庆师范大学，2015.

② 程丽，孟立军．贵州省民族地区县域学前教育发展困境与策略——以武陵山片区松桃县为例［J］．天津电大学报，2013（3）：63-67.

③ 左文．民族地区县域民办幼儿园教师专业发展现状与对策研究［J］．现代教育科学，2015（2）：14-16.

④ 罗华玲．云南省义务教育资源空间配置研究［D］．云南师范大学，2018.

困县县域义务教育发展现状达成了一致认识，一般认为，民族贫困县县域义务教育办学条件得到极大改善、教育发展水平有很大提高，但县域内均衡发展尤其是推进城乡教育均衡发展，现状仍不乐观，仍是当前迫切需要解决的问题。民族地区县域义务教育均衡发展是我国义务教育均衡发展目标得以实现的关键所在。受特殊地域、经济、文化环境等因素的制约，民族地区义务教育均衡发展的现状不容乐观。

有学者指出少数民族地区义务教育学校办学基本条件总体较差，主要指标达标率总体较低，生均体育运动场馆面积、生均计算机台数、教职工编制配备等尤为薄弱，且学段之间、城乡之间办学基本条件差异显著；少数民族地区义务教育校际差异较明显，低位且不均衡是当前少数民族地区义务教育发展的主要特征。①

有学者通过对西藏林芝市的调研，认为目前林芝市义务教育均衡发展存在的主要问题包括在校学生生均受教育年限低、师资力量薄弱、师生比不合理以及城乡之间义务教育均等化差距大等。

有学者以云南省耿马傣族佤族自治县为典型案例，采用实证分析方法，对县域内中小学办学基本条件达标状况、校际均衡发展评价等方面进行了深入分析，指出：义务教育均衡是义务教育各方面呈现完整统一、有机和谐的发展体系，在促进义务教育均衡发展的过程中，不仅要重视基础设施、教学设施等“硬件”建设，还要重视保障机制、教师队伍、质量管理、信息化、教育氛围等“软件”建设。② “软件”建设是制约民族贫困县义务教育均衡发展的主要因素，包括：农村小学教师年龄结构老化、专业结构不合理、中小学图书资源配备缺口大、“读书无用论”思想较为严重、辍学率较高等。

制约民族地区特困县义务教育均衡发展的因素，学者的认识也较为一致，多从历史、地理、经济、文化等方面进行分析。如，有学者认为，民族地区特困县经济发展滞后，财政性投入短缺，薄弱的财政只能保障工资及最基本的教育教学运转，往往把有限的教育投入保重点，保城市中小学

---

① 赖长春．少数民族地区义务教育均衡发展现状分析——以X省自治地区为例［J］．教育科学论坛，2014（12）：70-72.

② 彭义敏，高桂梅，张河川．云南边境少数民族地区县域义务教育均衡发展研究——以耿马傣族佤族自治县为例［J］．楚雄师范学院学报，2014（4）：77-81.

建设和发展，客观上造成了学校间办学条件的差距。民族地区特困县偏远贫穷的地理条件形成乡村小学数量多、规模小、学生少的布局，管理成本高，经费投入不稳定，加之自然环境、地理条件恶劣，难以吸引优秀教师。而且，小规模学校教师的配置很有限，师生比偏大。义务教育督导评估标准存在城市化倾向。义务教育督导评估标准往往根据城市、农村的不同发展水平分等级操作，从政策导向上造成了城乡学校教育资源的不均衡，最终形成不同类型学校办学条件及师资配置上的差距。①

2. 民族地区特困县县域义务教育均衡发展思路及对策研究

民族地区特困县县域义务教育均衡发展是综合工程，需要多管齐下。有学者提出，为民族地区义务教育专门立法、加大财政投入、合理有效地配置教师资源等是民族地区县域义务教育均衡发展得以实现的有效路径。②这从多个方面全面概括了促进民族地区特困县县域义务教育均衡发展的对策。多数学者都是从上述角度进行论述的。有学者提出加强政府履职能力、全面促进教育公平、提高教育教学质量、科学整合乡镇学校和推进双语教育教学等推进义务教育均衡发展的对策建议。③ 有学者论述了在精准扶贫背景下如何推进义务教育资源优化配置。强调了教育资源投入和师资配置两个方面。如：加大部分地区教育投入力度，尤其是西南、西北等少数民族较为集中的地区，不断完善各种教育基础设施（运动场、食堂、图书楼、宿舍楼、体育器材等硬件设施），缩小与发达教育地区的差距，改善学生教育环境，推进教育的稳定发展；同时，分派相关人员到当地参与教育工作，从体系制度制定、办学方向、办学理念、教学方式、课程设置等方面给予更多的支持指导，从根本上提升教育教学水平。力争均衡师资力量配置，有计划地开展各种教师培训工作，改善调整教师队伍结构，与政府倾斜政策不断进行协调，争取获得政府更多的支持和帮助，改善教师的教学环境，提高教师的各种福利和待遇，提高他们的社会地位，抓住教师的心。

① 杨军，王春梅．青海省民族地区小学教育资源均衡配置现状分析——以青海省天峻县为例［J］．当代教育与文化，2010（11）：57-62.

② 白贝迩．民族地区县域义务教育均衡发展的制约因素与现实路径［J］．青海民族研究，2016（4）：104-106.

③ 杜敏敏．新疆维吾尔自治区县域内义务教育均衡发展状况研究——以新疆和布克赛尔蒙古自治县为例［D］．陕西师范大学，2018.

有学者从教育政策过程的角度讨论，提出促进民族地区特困县县域义务教育均衡发展要做好规划。制定民族地区县域教育“十三五”规划，准确把握“十三五”教育规划的基本定位，科学谋划重点领域和关键环节的改革举措，充分考虑民族教育的特殊性，提出特殊政策措施推动民族教育自主发展，努力提高教育规划水平和实施能力。①

还有学者通过实地调研总结推进当地义务教育均衡发展的对策。如，有学者针对武陵山片区义务教育不均衡发展实际，提出构建“一推二建三创新”义务教育均衡发展机制，尝试解决武陵山片区部分义务教育不均衡发展问题，以促进武陵山片区义务教育的均衡发展。该机制通过把握武陵山片区民族性、连片贫困性等特点，意图通过政府推动、建立合格学校示范区、薄弱学校自救等一系列措施完善武陵山片区义务教育均衡发展体系。主要内容包括：一推即国家政府推动；二建即建立政社家校一体制—动态均衡网，建立合格学校示范区；三创新即创新资金保障机制，创新人才交流机制，创新区域联动机制。② 还有学者以云南省红河哈尼族彝族自治州某县城小学和乡村小学为例，发现两所学校存在较大差距；其原因有城乡经济条件差距、城乡父母对子女教育的观念差距及城乡师资配置差距等。建议政府继续加大力度扶持民族地区乡村教育，调整课程使其增强对民族乡村地区的适切性，着力优化乡村教师队伍等，不断缩小民族地区城乡义务教育的差距。③

3. 义务教育经费保障机制研究

建立长效的经费保障机制被视为促进民族地区特困县义务教育均衡发展的关键和根本。有学者提出，在中央、省、市、县、乡镇各级政府义务教育公共投资中，必须重点强化中央和省级政府的投资责任，以省政府名义出台政策，明确各省区市政府和县政府负责提供按照国家义务教育办学标准所规定的校舍建设和维修、教学设备和仪器购置等基本建设经费，以及日常运行所需要的公用经费。努力落实国务院关于农村义务教育经费保

① 钟海青．民族地区县域教育规划：特点、问题及制定［J］．广西民族大学学报（哲学社会科学版），2015（7）：177-180.

② 刘艳芳，刘俊亮．武陵山片区义务教育均衡发展机制研究初探［J］．当代教育理论与实践，2014（3）：17-18.

③ 杨建朝，邓爱妮．民族地区县域义务教育均衡发展路径思考——基于云南省某县两所小学的比较分析［J］．教育导刊，2017（8）：19-24.

障机制改革的要求，尽快制定建立义务教育经费保障新机制的工作方案，建立健全规范的农村中小学预算制度，将农村中小学的一切收支由县级教育行政部门汇总后统一编入财政总预算；积极推进县级教育结算中心建设，着力加大对教育转移支付资金的监管力度。为扩大义务教育经费的来源，要制定措施激励民间资金投入。①

4. 义务教育县域均衡发展责任机制研究

民族地区义务教育不均衡的发展状况与科学发展观相违背，政府部门有责任推进民族地区的义务教育实现全面发展、均衡发展。有学者提出，解决民族地区义务教育的均衡发展问题应在加大中央投入、加强省级政府统筹的前提下，充分发挥政府责任，首先在县域内实现义务教育的均衡发展。政府责任的发挥包括明确发展定位、秉持公正的公共政策价值取向、制定统一的义务教育管理标准和投入标准、合理配置教师资源并完善各项师资培养制度。②

（三）民族贫困县教师队伍建设

1. 民族贫困县教师队伍建设的困境及其成因分析

当前，连片特困民族地区教师队伍建设存在的问题主要表现为教师总量不足，编制核定缺乏弹性；农村教师老龄化突出，部分学科教师结构性短缺；骨干教师流失严重，整体“逆向流动”；③ 城乡二元结构下的师资配备不均衡，师资建设机制不完善；教师专业化建设不完备，教师专业配置不科学，乡镇、农村学校师资素质不高；教师交流互动机制尚未健全，师资调控未进行科学统筹；教师工作负担较为繁重，心理压力较大，尚未得到及时的缓解；教师激励机制不健全，绩效工资分配方式不科学，教育教学工作不够合理和人本，教育功利化现象严重。④

总体来说，连片特困民族地区师资队伍存在的问题，其形成既有传统

---

① 方铭琳．保障农村义务教育均衡发展的资源配置研究［J］．当代教育论坛，2007（10）．

② 黄琳富．民族地区县域内义务教育均衡发展的政府责任研究［J］．传承，2014（5）：73-75．

③ 许锋华．连片特困民族地区教师队伍建设的困境、原因及出路——基于武陵山区的调查研究［J］．民族教育研究，2013（5）：72-76．

④ 伍秋蝉．民族自治县义务教育城乡师资均衡发展研究——以云南新平彝族傣族自治县为个案［D］．云南师范大学，2013．

的文化观念原因，也有现实的政策偏差原因。主要在于：观念落后，管理机制僵化，民族地区县域内师资建设的各项制度尚未建立健全，教师队伍的保障机制尚未形成；教育经费投入不足、教师待遇偏低，农村教师缺乏坚守的动力；自然环境恶劣，教育教学环境还十分落后，工作条件艰苦，导致教师流失；民族地区的教师队伍的学历偏低，专业配置不合理，教师进修没有得到重视，教育教学技术培训质量不高及易流于形式；专业培训机制不健全、培训内容不科学，影响教师素质的提高；民族地区县域义务教育师资队伍的评价制度不健全，评价手段不科学，对教师考核、量化、评聘、资格审查等方面的评价制度不够完善。

2. 民族贫困县教师队伍建设的对策分析

教师队伍建设是教育改革和发展的核心问题，加强连片特困民族地区师资队伍建设是发展连片特困民族地区教育的必由之路。学者们就如何解决连片特困民族地区教师队伍建设中的问题，提出了诸多对策建议。第一，社会关注与政府重视。要调控好学校布局，集中办学资源；增加经费投入，大幅度地提高农村教师待遇，建立扎根农村的骨干教师补助制度。第二，健全师资建设方面的政策和机制。对民族地区教师进行政策倾斜，规范师资评聘制度，加强师资培训质量监控，升级统筹教师补充机制，完善“特岗教师”监管制度。健全相关法律法规，深化定向培养，推行弹性编制管理，完善教育督导制度。第三，改善学校教师管理体制。注重教师文化、教育教学的管理；优化教师资源配置，创新城乡教师交流机制；建立人本管理理念，加强民主管理建设。第四，建立科学的师资评价模式，主要从对学校的评价，对教师的评价等方面进行推进和改革。① 有学者就提高高中师资水平提出对策建议：少数民族地区县域普通高中要将教师培训工作放在重要的战略地位，加大普通高中教师培训力度，强化培训需求调研，提高普通高中教师业务素养；指定先进发达市对口帮扶少数民族地区县域薄弱普通高中，指导学校规划发展的时间表、路线图，为其健康发展提供智力援助。②

---

① 黄呈江．民族地区义务教育阶段师资建设研究——以黔南 M 县为例［D］．西南大学，2014.

② 黄有慈．少数民族地区县域高中发展现状调查与对策——以广西那坡县、乐业县、西林县高考一本上线情况为例［J］．中学教学参考，2018（3）：58-59.

3. 教师队伍流失的分析

在我国民族地区特困县，教师流失这一现象严重影响了教师队伍整体素质的提高，并影响少数民族地区基础教育质量的提高。教师流失是教师流动的不合理、非良性、单向性的表现形式，是指在职教师由所任教的地区、部门、学校流动到另一地区、部门、学校，从而不利于教师流出地区的教育事业的发展的一种社会现象。有学者以恩施州咸丰县为例，结合当地特殊背景分析当地教师流失的现状，从经济学出发探讨其原因并提出相应建议。恩施州咸丰县基础教育阶段教师流失调研结果显示，地区流动（教师流向经济发达待遇较高的地区）、职业流动（流向待遇较好的企业和机关）、内部流动（教师流向工资待遇较高的基础教育阶段或上级学校）等显性流动及隐性流动是当地教师流动的主要形式。[①] 隐性流动主要由于工资低，生活水平得不到保证，大多数教师通过兼职或从事第二职业来提高自己的收入，具体表现为开办基础教育阶段课外辅导班、经营个体商店等形式。隐性流失的产生是客观和主观的综合作用的结果，其中教师职业倦怠现象加速了隐性流失的产生，从而减少了教师的教学动力。

4. 教师队伍培训及教师专业发展的研究

有学者专门就西北连片特困地区教师培训的问题进行了分析[②]，通过调研发现，目前民族地区特困县教师培训及教师专业发展存在的主要问题有四个方面。

第一，参加高水平培训的机会少，虽然很多教师都希望能有外出参加高水平培训的机会，但是却面临很多制约因素，比如教学任务繁重、经费不足、培训机会少、学校支持力度不够等。

第二，培训内容配置不太合理。虽关注到了教师专业发展的多个层面，但配置比例不太合理，培训最多的往往也是教师最熟悉的，诸如学科专业知识，教学技能，心理学、教育学知识等。相反，本应在培训中加强的内容，诸如教育改革的最新内容、教育科研能力等，却成了培训中的薄弱环节，流于形式。

---

① 徐杨丽格，梁蓉，毕正宇，殷国超．民族地区基础教育阶段教师流失的经济学分析——以恩施州咸丰县为例［J］．科教文汇，2012（7）：3-5.

② 杜军，高岩，杨晓奇．西北连片特困地区教师培训的问题与对策——以甘肃省环县为例［J］．中国民族教育，2014（12）：29-30.

第三，培训形式需要调整。现有的培训依然存在行政化现象，多以“自上而下”的指令要求部署培训，缺乏专业对话与协商，照搬培训模式，脱离教学实际，难免造成培训效果不佳。

第四，培训机制不够健全。西北连片特困地区教师培训还处在初级阶段，培训制度较落后，培训机制还不够健全，很多时候受制于政策导向的影响，自身的发展缺乏独立性，还没有形成一个机构健全、自我运行良好、根据市场需求能够自我调整的教师培训行业。

解决的对策建议为：一是，增加教师的培训机会，加强一线教师培训，给教师搭建相互交流的平台，让教师在交流中相互促进，把专家请进来，让专家给一线教师讲解最新的教育理念，让更多的教师受益。二是，以需求为导向合理安排培训形式和内容。了解教师的具体情况和需求，才能有的放矢，让培训真正服务于教师，而不是培训者或培训机构仅根据自己的理解来安排培训，来划定培训形式和内容。三是，增强教师培训的制度建设。教师培训的完善与发展，必须通过建立一套健全完备的教师培训制度加以保障，加强职前培养与职后培训的衔接和过渡，实现教师教育的一体化。四是，充分利用市场竞争机制有效配置培训资源。教师培训可以引进市场化的管理方式，根据培训目标、学员的培训需求和满意程度来选择培训机构，让高等院校的教师培训机构之间展开竞争，甚至可以引进民营教育培训机构参与竞争，让各个教师培训机构在竞争中提升各自的教师培训能力，改善自己的办学条件，让教师在培训中获得最大化的专业成长，同时促进培训本身的发展。

5. 县域内“教师轮岗”政策分析

有学者专门以苏北 X 县为例，对教师轮岗政策进行了分析。①

在调研中发现，苏北 X 县为了推进“教师轮岗政策”的实施，数度改变政策实施办法，在县域内城乡教师轮岗方面取得了阶段性的成果。X 县“教师轮岗政策”运行在均衡教师资源、促进教育公平方面取得一定成效的同时，也存在政策执行偏离政策目标，导致政策失真的问题，其具体表现主要有：教育主管部门“选择性执行”导致政策破损；学校替代性执行

① 杨雪．县域内“教师轮岗政策”运行研究——以苏北 X 县为个案［D］．南京师范大学，2015.

和扩大化执行伤害了政策的效力；轮岗教师“功利性执行”导致政策效果差，这三方执行主体相互博弈，最终导致“教师轮岗政策”失真。

导致政策失真的主要原因是：地方政府的双重利益角色导致地方政府和中央政府的利益冲突，以及地方政府和学校与教师的利益冲突，如果不能有效处理这些利益冲突，必然会导致政策执行失真；政策执行者对政策认同度低；政策执行主体间存在利益冲突，导致执行者在政策执行中互相“博弈”，以争取自身利益的最大化，不同利益主体之间的利益冲突所造成的政策博弈导致政策失真；政策执行工具的单一性，政府更多使用命令工具，政策执行效果不理想。

促进县域内“教师轮岗政策”的有效开展，应从以下几方面入手。一要提高教育管理人员的整体素质，提高其执行教育政策的能力；二要确立教师的公务员地位，规范对于轮岗教师的统一管理；三要构建有效的县域内“教师轮岗政策”保障体系；四要拓宽利益相关者表达利益诉求的渠道；五要合理灵活地运用各种政策工具。

（四）集中连片特困地区教育精准扶贫

1. 集中连片特困地区教育精准扶贫的相关理论问题

精准扶贫是习近平总书记在湖南湘西考察扶贫工作时第一次提出的。其提出具有深刻的社会背景，针对当前中国的贫困情况、贫困程度、扶贫工作取得的效果及存在的问题而提出的，是新时期、新阶段、新条件对扶贫工作的一种创新，与反贫困一样注重贫困地区经济社会协调发展，注重贫困人口自身素质的提高。精准扶贫有其深刻的科学内涵，学者们就精准扶贫的内涵进行了讨论。有学者认为，精准扶贫是粗放扶贫的对称，是指针对不同贫困区域环境、不同贫困农户状况，运用科学有效程序对扶贫对象实施精准识别、精准帮扶、精准管理的一种治贫方式。它包含三个主要内容：一是精准识别。通过群众评议、入户调查、公告公示、抽查检验、信息录入等程序把贫困人口精准识别出来。二是精准帮扶。贫困人口识别出来以后，针对他们的贫困情况进行定责定人，制定帮扶措施，确保帮扶的效果。三是精准管理。要建立起贫困户的信息网络系统，将贫困对象的基本资料、动态情况录入这个系统当中进行动态管理，实现扶贫对象有进有出，确保扶贫的信息真实、可靠。① 有学者强调教育扶贫对象精准识别，认为精准识别是指基于“扶真贫”理念，追求高效教育扶贫目标，利用科学有效的程序对贫困人口的贫困程度和受教育能力进行精准辨别，以最终精准确认教育扶贫对象的过程。②

有学者指出，从传统的救济式扶贫到改革开放启动的开放式扶贫，再到目前的综合脱贫，教育在其中的根本性和支撑性作用日益突出，扶贫功效更加显著。落实“教育脱贫一批”任务，助力全面脱贫目标，提高扶贫成效，还须进一步确立“以人为本、教育为基、扶智为先”的理念，完善精准扶贫机制，发挥学科、人才和智力、文化、信息等方面的优势，做到分工明确、责任清晰、任务落实、评价科学、特色鲜明、持续发展，走出一条教育扶贫带动智力扶贫—科技扶贫—健康扶贫—生态扶贫—产业扶贫的新路子。③

2. 民族贫困县教育精准扶贫的经验与对策

有学者利用贫困测度指标体系评价了贵州省 88 个县域单位的贫困状态，并指出处于连片特困区域的 66 个县域单位的贫困聚类现象。在贫困测度基础上，借助 DEA-Logistic 回归模型考察了经济增长、县域单位行政属性、自治县属性、城镇化进程等因素对贵州省县域单位贫困状况的影响，以一种间接的方式评价了连片特困地区参与式扶贫模式的运行绩效，提出加强扶贫资金项目管理，优化目标绩效考评指标体系；加强片区之间的协同与合作；因地制宜开展参与式扶贫开发项目；强化连片特困地区基础设施建设；重视连片特困地区人力资源开发；加快城乡一体化进程等建议。④

有研究以广西扶贫巾帼励志班为个案，从微观视角对广西教育精准扶贫过程中政府协调机制进行实证分析研究。从强化协调主体职能、明确协调原则和协调主体职责、优化扶贫资源配置、健全监督考核机制等角度，提出完善广西教育精准扶贫过程中政府协调机制的建议。⑤

---

① 王学权．“十三五”时期扶贫新模式：实施精准扶贫［J］．经济研究参考，2016（7）：70-78.

② 张翔．教育扶贫对象精准识别机制探究［J］．教育探索，2016（12）：94-96.

③ 曾天山．以新理念新机制精准提升教育扶贫成效［J］．教育研究，2016（12）：35-42.

④ 张曦．连片特困地区参与式扶贫绩效评价［D］．湘潭大学，2013.

⑤ 胡春艳．教育精准扶贫过程中政府协调机制研究——以政府创办广西扶贫巾帼励志班的协调为例［D］．广西民族大学，2015.

有学者通过对武陵山区潼泉小学的实地调研，提出偏远民族地区精准扶贫的核心在教育，基础在交通，长效在产业；基础教育是国民教育的基石，办好民族地区乡村学校，切实提高教育教学质量，关键在教师，根本在投入。目前，偏远民族山区乡村学校的现状令人担忧，须以共享发展理念为指导，精准施策，优化顶层设计，加大财政投入；创新体制机制，加强师资建设；完善配套政策，综合施策发力；弘扬中华文化，倡导家庭教育；治标治本结合，引导社会共治。①

有学者提出，建立“精准扶贫”体系，提升办学条件。建立起一套完善的“精准扶贫”体系，把西南、西北等少数民族集中、教育资源较为落后的地方作为精准扶贫的重点对象，通过建立优质教育资源，不断提升整体办学条件，使其更加符合教育的规定和标准。同时，不断培养优秀人才，培育先进“精准扶贫”模范，促使西南、西北地区教育资源得到优化均衡。通过以强带弱、一帮一的互动，对教育落后地区支援协助，促使教育资源得到优化，达到配置合理的有效目的。②

（五）民族贫困县职业教育研究

目前所检索到的有关职业教育的研究成果较少。已有研究中多是对职业教育发展意义的描述、对已有经验的总结。有学者在促进县域经济可持续发展的战略高度上，充分认识职业教育的重要意义，归纳了阿克陶县农村富余劳动力转移就业采取的措施，如：多渠道筹措职教经费，改善职业学校、机构的办学条件。不断发展职业教育、建立多渠道投入经费保障机制。加强组织领导，实行目标责任制管理。充分发挥就业服务平台市场调节功能，促进农村富余劳动力就业。从语言、技能切入职业培训，提高劳动者就业能力。③

有学者提出民族地区职业教育补偿机制的制度建构。民族地区职业教育补偿运行机制是保证民族地区教育发展的保障条件，通过地方立法规范

① 戴小明．民族地区精准扶贫的核心在教育——武陵山片区一所偏远乡村小学的调查与思考［J］．中央民族大学学报（哲学社会科学版），2016（6）：70-74.

② 杨海平．精准扶贫背景下义务教育资源优化配置研究［J］．中国培训，2013（5）：82-83.

③ 李纯．发展农村职业教育，促进少数民族地区县域经济发展——以新疆克州阿克陶县为例［J］．农村经济与科技，2015（5）：199-202.

职业教育补偿，健全立法程序和立法机制，促进民族地区完善地方教育法制环境。同时通过教育行政管理部门监督法制运行，规范教育领域制度环境，为民族地区职业教育补偿保驾护航。引导社会多元主体介入职业教育补偿系统，聚焦职业教育补偿核心价值回归，注重民族地区职业教育持续生态发展，将民族地区职业教育补偿模式多元设计，注重区域差异，推动系统联动，加强跨界融合，搭建系统间耦合发展平台。①

有学者通过个案分析发现，县域高职院校在一定程度上实现了个体的生存发展与社会民生改善的统一，但距应然的理想目标仍有较大差距，突出表现在民族地区县域高职院校数量少、服务定位不够精准以及毕业生的外向输出三个方面。因此，参与民生改善的相关主体须共同为之努力：政府以差异补偿助推美好生活；高职院校坚持服务县域民生改善的办学定位；企业积极参与高职办学，以实现利益共享；个体努力实现自身与社会民生改善的统一。②

（六）文献评述

综观目前已有的有关集中连片贫困地区县域教育发展的研究文献，研究思路清晰，内容丰富，视角多样，积累了丰硕的研究成果，为今后的研究奠定了良好的基础。

已有研究主要的特点是：从研究方法上，以调查研究为主，多是对某一地区县域教育发展的调研，描述发展现状，分析存在的问题，提出发展对策；从研究内容上，以县域教育资源配置、教师队伍建设、教育经费投入等问题为主，抓住了核心问题；从研究结论上，将政府责任放在首位，突出了政府在精准扶贫上的重要作用。

同时，在文献梳理中，也发现目前已有研究的一些不足。

第一，研究对象不均衡。从地域来看，东南方向偏多，西北方向偏少；从学段来看，义务教育阶段较为集中，学前教育阶段次之，高中阶段和职业教育阶段的研究较少，在检索范围中尚未发现专门针对高中阶段的研究。

---

① 张洪双，亓元．民族地区职业教育补偿与精准扶贫协调互动研究［J］．价值工程，2013（8）：29-30.

② 王朔．论民族地区县域高职院校的民生改善功能［J］．教师教育学报，2018（5）：51-58.

第二，研究内容缺乏具体性且个性不足。目前的研究多是宏大叙事，涉及县域教育发展的方方面面，多是对某一地区发展的全面描述，缺乏针对某一问题的深入、专门剖析，研究呈现出千篇一律的面孔，只有地域不同，但研究的问题、思路基本相同。

第三，研究方法不够多元。已有研究多采取调研法，定量分析的程度不够，还没有真正实现定量分析，多是对现状的描述和分析，缺乏有深度的定量研究。

第四，研究结论针对性、适用性不足。目前已有研究多是针对某一地区的局部性研究，因而所提对策建议应是只适用于本地区的发展策略，但从已有建议来看，学者们又出现对策建议较为趋同、针对性与有效性不足的特点。

三、研究思路与方法

本课题在教育学、民族教育学、多元文化教育、教育人类学等多学科理论的指导下，通过文献分析、实地调查及历史的和比较的研究方法，在对内蒙古、宁夏、广西、贵州、四川特困地区深入调研的基础上，力求较全面深入地探讨制约我国民族特困地区县域教育发展的原因，积极寻求破解难题的思路，提出有针对性、实效性的政策建议，为国家机关制定政策措施提供决策咨询。

本课题将运用田野调查与问卷调查、文献研究与专家咨询相结合的研究方法；运用定性研究与定量分析相结合的方法；运用历史与现实、国内和国外相比较的研究方法。

四、基本观点与创新突破

1. 本研究的基本观点

（1）在党中央、国务院的高度重视和正确领导下，民族特困地区各级政府积极施策、积极作为，民族特困地区县域教育发展取得明显成效，各级各类教育健康发展，教育规模持续扩大，教育质量不断提升，办学水平明显提高。具体表现在：学前教育全面推进；义务教育巩固发展；普通高中教育加快发展；现代职业教育积极推进；高等教育稳步发展；双语教育积极稳妥推进；民族文化传承教育积极开展；民族团结教育不断加强；经费保障能力逐步增强；教师队伍建设不断加强；教育发展方式改革创新等。

（2）由于自然、历史、经济社会发展等多方面原因，民族特困地区县域教育发展仍存在不少困难和问题，主要为：教育理念、观念滞后；教师队伍建设相对薄弱；教育经费保障能力不足；学前教育资源匮乏；义务教育发展不均衡；普通高中教育发展滞后；现代职业教育体系发育不足；双语教育推进困难；教学资源建设滞后；教育信息化水平较低；教育质量偏低，教科研水平有待提高，学校管理相对薄弱等。

（3）针对民族特困地区县域教育发展的现状及存在的问题，以及进入新时代面临的新形势、新任务，应采取如下发展对策：加强民族团结进步教育常态化机制建设；科学稳妥推进双语教育；以建立完善民族教育体系为目标，统筹规划各级各类教育发展，科学调整各级各类教育结构；加强高素质专业化教师队伍建设；依托信息技术，促进优质教育资源在民族地区的覆盖率；加大教育对口支援力度，提高教育对口支援效益；切实加强民族地区教研、科研工作；加大经费投入，建立民族教育经费投入保障长效机制；以学校章程建设为抓手，建立完善现代学校制度；加快民族教育立法步伐，为民族教育改革与发展保驾护航等。

2. 本研究的主要创新突破

（1）本课题第一次专题针对我国民族特困地区（重点是广西、内蒙古、宁夏、贵州等省区的集中连片特困地区）县域教育发展现状进行深入调研，在较全面地了解其现状的基础上，总结成效经验、分析问题原因、寻求思路对策，在一定程度上具有填补相关领域研究空白的性质。

（2）本课题对民族特困地区县域教育发展存在的问题及加快发展的思路对策等的研究论述，有较强的针对性、可操作性和创新性。

（3）本课题在调研过程中积极挖掘各地教育教学改革发展、学校管理理论与实践创新中的典型个案，这些个案对其他民族特困地区加强和开展相关工作具有重要的指导和借鉴意义。

（4）本课题在积极加强理论研究创新的同时，深入实践开展行动研究，在调研过程中，通过与当地有关部门和人员的深入研讨交流，实实在在指导推动了当地教育事业的发展。理论研究与行动研究两者相得益彰，互为促进。这是课题研究方法的创新，也是课题研究成果实践与转化形式的创新。

第二章　民族特困地区县域教育发展的时代背景

一、全面建成小康社会与基本实现教育现代化

2020年，我国要实现全面建成小康社会的总体发展目标。习近平同志指出，2020年全面建成小康社会最艰巨的任务是贫困地区，我们必须补上这块短板。

中华人民共和国成立以来，中国共产党历代领导人对减贫脱贫事业高度重视。中国的减贫脱贫事业攻坚克难，各级政府进行了不懈努力，做出了巨大的贡献，中国的扶贫成就可谓“世界奇迹、人类壮举”。从全国范围来看，当前中国社会正处在发展的黄金期、改革的攻坚期和矛盾的高发期，而且我国经济正在向形态更高级、分工更复杂、结构更合理的阶段演化，经济发展进入新常态。党的十九大以后，中国特色社会主义进入新时代。习近平总书记在十九大报告中指出，“中国特色社会主义进入新时代，我国社会主要矛盾已经转化为人民日益增长的美好生活需要和不平衡不充分的发展之间的矛盾”。因此，认识新时代的特征，适应新时代，在新时代大有所为，是当前和今后一个时期我国经济发展的大逻辑。

从民族地区发展形势来看，我国拥有1亿多的少数民族人口，民族地区占国土总面积的64%，有30多个少数民族与境外的同一民族毗邻而居，而且民族地区始终面临着国内外纷繁复杂、不断升级的敌对势力渗透，其发展面临着前所未有的挑战和机遇，发展形势非常复杂。伴随着“一带一路”倡议的推进，民族地区的战略地位及作用凸显。民族地区已经从大后方转变为发展的最前沿，亟须以崭新的姿态迎接日益增长的国际交流。民

族地区如何适应新常态，如何实现全面脱贫，是摆在我们面前的一个大课题、新课题。

然而现实是残酷的，虽然我国民族地区经济高速发展，综合经济实力显著提高，总体趋势向好，但目前民族地区仍是扶贫开发工作的重点和难点地区，其内生发展动力有待提升。2015 年国务院扶贫办国际合作和社会扶贫司指出，中国现有 8000 多万贫困人口，湖南、河南、广西、四川、贵州、云南这 6 个省份的贫困人口都在 500 万以上，到 2012 年底，592 个扶贫开发工作重点县农民人均纯收入不足全国平均水平的 60%，农民医疗支出仅为全国农村平均水平的 60%，劳动力、文盲、半文盲的比例比全国要高 3.6 个百分点。我国 14 个集中连片贫困地区和“老、少、边、贫、岛”地区，贫困人口主要分布在西部少数民族地区。截至 2015 年，中国还有约 5575 万人生活在贫困之中，其中民族八省区有 1813 万人（占全国的比重为 32.5%）。扶贫攻坚形势严峻、任务艰巨。

2015 年 11 月 27 日至 28 日，中共中央在北京召开中央扶贫开发工作会议，中共中央总书记习近平同志出席会议并发表重要讲话，这次会议是党的十八届五中全会后召开的第一个中央工作会议，体现了党中央对扶贫开发工作的高度重视。习近平总书记指出，到 2020 年要稳定实现农村贫困人口不愁吃、不愁穿，农村贫困人口义务教育、基本医疗、住房安全有保障；同时实现贫困地区农民人均可支配收入增长幅度高于全国平均水平、基本公共服务主要领域指标接近全国平均水平。2017 年 6 月 23 日，习近平总书记在深度贫困地区脱贫攻坚座谈会上发表讲话，明确指出我国贫困问题具有区域性特征，脱贫攻坚本来就是一场硬仗，而深度贫困地区脱贫攻坚是这场硬仗中的硬仗。要求全党务必深刻认识深度贫困地区如期完成脱贫攻坚任务的艰巨性、重要性、紧迫性，采取更加集中的支持、更加有效的举措、更加有力的工作，扎实推进深度贫困地区脱贫攻坚。2018 年 6 月 15 日，《中共中央国务院关于打赢脱贫攻坚战三年行动的指导意见》出台，就完善顶层设计、强化政策措施、加强统筹协调，推动脱贫攻坚工作更加有效开展做出了系统性安排。

可见，当前，脱贫攻坚已经到了啃硬骨头、攻坚拔寨的决战、冲刺阶段。必须按照中央决策部署，贯彻落实习近平总书记关于扶贫工作的新理念新思想新战略，以更大的决心、更明确的思路、更精准的举措、超常规的力度，众志成城实现脱贫攻坚目标，决不能落下一个贫困地区、一个贫困群众。

与全面建成小康社会同步进行，基本实现教育现代化是当前教育领域的一大重要目标。《国家中长期教育改革和发展规划纲要（2010—2020年）》指出，到2020年基本实现教育现代化。胡锦涛同志在第四次全国教育会议上强调，确保到2020年我国基本实现教育现代化，基本形成学习型社会，进入人力资源强国行列。胡锦涛同志指出，教育是民族振兴、社会进步的基石，是提高国民素质、促进人的全面发展的根本途径，寄托着亿万家庭对美好生活的期盼。习近平总书记在党的十九大报告中指出：优先发展教育事业，建设教育强国是中华民族伟大复兴的基础工程，必须把教育事业放在优先位置，深化教育改革，加快教育现代化，办好人民满意的教育。

可见，强国必先强教，推进教育现代化是我党一贯的要求与发展举措。教育是国家和民族发展最根本的事业，必须坚持党对教育工作的领导，明确政府发展和管理教育的责任，落实教育优先发展的战略地位。全党全国要积极行动起来，坚持育人为本，以改革创新为动力，以促进公平为重点，以提高质量为核心，推动教育事业在新的历史起点上科学发展，加快从教育大国向教育强国、从人力资源大国向人力资源强国迈进，为中华民族伟大复兴和人类文明进步做出更大贡献。

十八大以来，习近平同志多次强调推动教育现代化进程。他在联合国“教育第一”全球倡议行动一周年纪念活动的视频贺词中，强调中国将坚定实施科教兴国战略，始终把教育摆在优先发展的战略位置。要把提高人才培养质量作为教育现代化的核心，要将促进人的全面发展和适应社会需要作为衡量教育质量的根本标准，着力增强学生的社会责任感、创新精神和实践能力。要把优先发展作为教育现代化的保障，不断扩大教育投入，逐步实现基本公共教育服务均等化，实现更高水平的普及教育，形成惠及全民的公平教育，提供更加丰富的优质教育，构建体系完备的终身教育。在党的十九大报告中，教育现代化被摆在了重要的位置。习近平总书记在2018年的全国教育大会中发表重要讲话，强调“新时代新形势，改革开放和社会主义现代化建设、促进人的全面发展和社会全面进步对教育和学习提出了新的更高的要求。我们要抓住机遇、超前布局，以更高远的历史站位、更宽广的国际视野、更深邃的战略眼光，对加快推进教育现代化、建设教育强国做出总体部署和战略设计，坚持把优先发展教育事业作为推动党和国家各项事业发展的重要先手棋，不断使教育同党和国家事业发展要求相适应、同人民群众期待相契合、同我国综合国力和国际地位相匹配”。李克强总理强调，坚持改革创新，坚持教育公平，推动教育从规模增长向质量提升转变，促进区域、城乡和各级各类教育均衡发展，以教育现代化支撑国家现代化。

然而，教育规划纲要中期监测评估课题组2015年发布的《实施教育规划纲要贯彻落实情况总体评估报告》深入分析了当前我国教育规划纲要的贯彻落实情况，对教育现代化的推进工作做出了全面评估，从中不难发现，实现教育现代化关键在于边远、落后、贫困地区。

目前，东部发达地区教育普及水平再上新台阶，核心指标或大部分指标能够达到、接近甚至超过目前发达国家的平均水平，有望率先实现教育现代化。而随着国家各项政策的推进实施，特别是对中西部教育发展的投资和政策扶持，中西部地区教育普及水平提高幅度明显，有力推动了我国教育现代化整体发展水平的不断提高。但中西部地区特别是民族地区，教育现代化仍存在诸多薄弱环节，主要表现为：部分地区教育发展缓慢，不利于实现区域协调发展；公共资源配置还不均衡，部分地区教育差距仍较突出；人才培养体制改革滞后，不能满足学习者全面发展的需要；教育开放及信息化水平不高，不能满足改革发展新要求；教育体制机制不灵活，学校缺乏应有的办学活力；依法治教面临诸多困难，管办评分离制度安排不清晰；跨界治理缺乏制度创新，教育协同发展动力不足。

因此，要确保2020年我国全面建成小康社会，基本实现教育现代化，进入人力资源强国行列，必须做到不让一个民族地区掉队，不让一个少数民族掉队。各民族、各地区实现整体脱贫目标，是实现全面建成小康社会任务的重中之重。同时，“十三五”时期，大力推进教育信息化，运用现代信息技术，让农村、边远、贫困和民族地区的孩子们共享优质教育资源，缩小区域、城乡、校际差距，这仍是民族地区教育发展的重中之重。

二、教育优先发展与教育精准扶贫

中华人民共和国成立以来，我国非常重视教育事业发展。我国历代领导人都高度强调教育的历史地位和作用，从毛泽东同志提出，教育是无产阶级革命事业的百年大计、千年大计、万年大计，承担着培养和造就无产阶级革命事业接班人的光荣使命；邓小平同志提出，要坚持教育的优先发展战略地位，科学技术是第一生产力；到江泽民同志提出“科教兴国”战略；再到胡锦涛同志突出教育的基础性、先导性、全局性地位；进而到习近平同志提出始终把教育摆在优先发展的战略位置，坚持把基本实现现代化作为教育发展的战略目标。可见，教育优先发展始终是我党教育事业发展的基本思路。而扶贫先扶智，治贫先治愚，这将教育事业与扶贫事业紧密联系在一起。教育精准扶贫的提出，更加明确了教育在扶贫中的重要作用与功能。

2015 年 1 月，习近平总书记在考察云南省昭通市时提到，深入实施精准扶贫、精准脱贫，项目安排和资金使用都要提高精准度，扶到点上、根上，让贫困群众真正得到实惠。

2015 年 11 月，他在中央扶贫开发工作会议上再次提到，要解决好“扶持谁”的问题，确保把真正的贫困人口弄清楚，把贫困人口、贫困程度、致贫原因等搞清楚，以便做到因户施策、因人施策。

“十三五”时期是加快全国脱贫工作、实现全面建成小康社会的关键时期。在这场超常规力度的脱贫攻坚战中，“十三五”规划提出，要通过扶持生产和就业发展一批、通过异地搬迁安置一批、通过生态保护脱贫一批、通过教育扶贫脱贫一批、通过低保政策兜底一批的“五个一批”路径实现精准扶贫和精准脱贫。

党的十九大报告中，习近平总书记肯定了我国在以往脱贫攻坚战中取得的决定性进展，实现了六千多万贫困人口稳定脱贫，贫困发生率从百分之十点二下降到百分之四以下。同时也指出了下一阶段打赢脱贫攻坚战的目标与要求：“要动员全党全国全社会力量，坚持精准扶贫、精准脱贫，坚持中央统筹省负总责市县抓落实的工作机制，强化党政一把手负总责的责任制，坚持大扶贫格局，注重扶贫同扶志、扶智相结合，深入实施东西部扶贫协作，重点攻克深度贫困地区脱贫任务，确保到 2020 年我国现行标准下农村贫困人口实现脱贫，贫困县全部摘帽，解决区域性整体贫困，做到脱真贫、真脱贫。”

2018 年 6 月 15 日出台的《中共中央国务院关于打赢脱贫攻坚战三年

行动的指导意见着力实施教育脱贫攻坚行动》专门列出了“着力实施教育脱贫攻坚行动”，要求以保障义务教育为核心，全面落实教育扶贫政策，进一步降低贫困地区特别是深度贫困地区、民族地区义务教育辍学率，稳步提升贫困地区义务教育质量。改善贫困地区乡村教师待遇，落实教师生活补助政策，均衡配置城乡教师资源。健全覆盖各级各类教育的资助政策体系，学生资助政策实现应助尽助。加大贫困地区推广普及国家通用语言文字工作力度。开展民族地区学前儿童学习普通话行动。

可见，在扶贫攻坚的一盘棋中，“精准扶贫”和“教育扶贫”是两个关键点，“教育精准扶贫”是至关重要的环节。尤其对于集中连片贫困地区而言，大力发展各类教育已经成为当前国家扶贫开发工作中的战略任务。教育是兜底线的事业，要保障每一个孩子都有学上，抓好贫困地区教育，紧紧扭住教育这个脱贫致富的根本之策，保证贫困家庭孩子平等接受教育。

第一，扶贫必扶智，物质救助与智力扶持相结合，是精准扶贫的有效路径。习近平总书记专门指出：“让贫困地区的孩子接受良好教育，是扶贫开发的重要任务，也是阻断贫困代际传递的重要路径。”科教扶贫是2020年精准扶贫攻坚的根本措施，科技是解决贫困问题，促进生产力发展的活跃因素，而教育是科技普及和传播的主要渠道，这需要正规与非正规教育并举。教育是提升人们学习能力及文化素养的有效手段，是变输血为造血的基础性环节，可以有效地防止脱贫后返贫现象。教育在促进扶贫、防止返贫方面的基础性、根本性、可持续性作用越来越多地被发现和实践。教育精准扶贫被认为是最直接、最有效的扶贫方式。多年来，国家在实施扶贫开发的过程中，主要集中在开发式扶贫、项目式扶贫、救济式扶贫等方式，为贫困地区的扶贫攻坚做出了巨大的贡献。但不可否认的是，时过境迁，这些方式都存在一定的弊端，如一些贫困户不愿意摘掉“贫困的帽子”，不同程度地存在着“等、靠、要”的思想意识，年年扶贫年年贫，直接影响了国家扶贫工作的初衷和成效。习近平总书记多次强调：“弱鸟可望先飞，至贫可能先富，但能否实现‘先飞’‘先富’，首先要看我们头脑里有无这种意识，如果扶贫不扶志，扶贫的目的就难以达到，即使一度脱贫，也可能会再度返贫。”授人鱼，不如授人以渔。习近平同志提出的“五个一批”工程中有一条是：发展教育脱贫一批，治贫先治愚，扶贫先扶智。“扶贫先扶智”决定了教育扶贫的基础性地位，“治贫先治愚”决定了教育扶贫的先导性功能，“积财千万，不如薄技在身”“一技在手，终身受益”，教育在促进扶贫方面的作用可以说是根本性的、可持续的。

第二，教育扶贫强调精准扶贫攻坚，提升扶贫的有效性。教育扶贫不仅是加大教育经费拨付，改善基本教育教学设施，而且要从实际出发，有的放矢，标本兼治。因地制宜、分类指导，是民族地区教育发展的重要原则。要充分发挥政策的调节杠杆作用，坚持民族因素与区域因素相结合，坚持普惠政策与特殊措施相结合。普惠政策要向民族教育倾斜，采取特殊措施重点支持国家通用语言文字教育基础薄弱地区教育快速发展。通过一系列切实有效的政策扶持，促进民族地区教育全面发展。

第三，民族地区全面脱贫建立在教育脱贫的基础上，又依赖于教育全面发展的促进作用。《国务院关于加快发展民族教育的决定》明确提出：到 2020 年，民族地区教育整体发展水平及主要指标接近或达到全国平均水平，逐步实现基本公共教育服务均等化，服务民族地区全面建成小康社会的能力显著增强。“决不让一个少数民族、一个地区掉队，推进民族教育全面发展”。这实际上吹响了向民族教育“薄弱环节”宣战的号角。民族教育很长时间都是教育事业的“第三世界”，也是发展的“短板”。对于通过加快发展推进教育公平，社会各界的共识正在凝聚。“服务民族地区全面建成小康社会的能力显著增强”是对教育功能的定位与要求，教育在实现自身全面发展的同时要服务于民族地区社会发展与人民生活水平的提高。

第四，民族教育与民族教科研是提升教育服务于民族地区全面脱贫的重要路径。客观地讲，民族教育是我国教育现代化的一块短板，民族教育科研也是教育科研的一块洼地。为什么民族地区会成为最薄弱的环节？为什么民族教育会呈现出较长时间低水平徘徊的状态？这中间除了历史的原因，政治、经济、文化、社会等综合原因，与民族地区及民族教育发展规律的特殊性密切相关。民族教育，一头连着民族团结进步事业，一头连着中华民族伟大复兴中国梦，是“交汇点、结合部”，也是“公平器、致富经”。“一个都不能少”的关键是全面提升民族教育质量和水平，然而全面提升各级各类办学水平是一个系统工程，需要充分发挥和借助专家的力量。因此，民族教育与民族教科研作为探究民族地区及民族教育发展规律的途径，具有特殊的地位与作用。民族教育科研工作者要以高度的自觉性与使命感，深入研究民族地区全面脱贫、民族教育全面发展的规律，探索出一条有实践指导力的发展路径，在加快中国特色新型民族教育智库建设的同时，作用于实践，真正补齐短板、填平洼地，确保民族地区及民族教育发展目标如期实现。

三、教育公平发展与义务教育资源均衡配置

教育公平一直是我国教育发展的核心问题。党的十八大报告对大力促进教育公平提出了明确要求，习近平同志多次发表了关于教育发展成果更多更公平惠及全体人民的重要论述，坚持把促进公平作为教育工作的战略重点。习近平总书记强调，再穷不能穷教育，再穷不能穷孩子。要努力让13亿人民享有更好、更公平的教育。努力让每个适龄少年儿童都能享受良好的教育，都有人生出彩的机会。要以改善农村教育为重点促进教育公平，推动教育资源向农村倾斜，向边远、贫困、民族地区、中西部地区倾斜，向薄弱学校倾斜。习近平总书记在十九大报告中继续强调了教育公平的重要性，他指出："推进教育公平，培养德智体美全面发展的社会主义建设者和接班人。推动城乡义务教育一体化发展，高度重视农村义务教育，办好学前教育、特殊教育和网络教育，普及高中阶段教育，努力让每个孩子都能享有公平而有质量的教育。完善职业教育和培训体系，深化产教融合、校企合作。加快一流大学和一流学科建设，实现高等教育内涵式发展。健全学生资助制度，使绝大多数城乡新增劳动力接受高中阶段教育、更多接受高等教育。支持和规范社会力量兴办教育。"

《国家中长期教育改革和发展规划纲要（2010—2020年）》鲜明提出了新的教育公共政策的目标：惠及全民的公平教育；建成覆盖城乡的基本公共教育服务体系，实现基本公共教育资源均衡配置。这就要求，必须夯实发展基础，促进教育公平，决不让一个少数民族、一个地区掉队，推进民族教育全面发展是当前教育公平全面推进形势下的重要工作。集中连片贫困地区教育公平发展也必须大力度跟进。

长期以来，党和国家高度重视民族教育工作，积极推进少数民族和民族地区教育事业发展，教育公平取得了很大成绩，如学前双语教育普及程

度稳步提高，义务教育均衡发展积极推进，学校办学条件明显改善，学生使用国家通用语言文字的能力不断增强，服务均等化水平不断提高。但在教育高速发展的过程中，特别是在民族教育现代化科学布局之时，又出现了一些新情况、新问题，诸如边远贫困民族地区教师队伍流失、不稳定；集中连片贫困地区义务教育阶段学生辍学率反弹；高等教育机会不均等，与我国教育公平纵深发展的形势都不相匹配。尤其是义务教育阶段，从全国范围上讲尚存义务教育资源城乡、地区、人群、校际等层面的配置不均衡，这既不符合义务教育的强制性、普及性、基础性等特点，而且严重制约了教育公平的推进，也不利于公共教育服务体系的建立。

在当今及今后很长一段时间内，推动民族地区教育公平与义务教育资源均衡配置不仅是顺应全国教育事业发展趋势的重要任务，而且是民族地区教育事业繁荣发展的基本功。

第一，缩小差距，实现民族地区教育机会均等。民族教育公平是社会公平价值在教育领域的延伸和体现。民族教育公平包括教育起点的公平、教育过程的公平和教育结果的公平。民族教育公平就是少数民族学生享有公平的入学机会，教育过程中受到公平的待遇，教育结束后能够得到全面而充分的发展。普及义务教育，保障所有适龄儿童接受义务教育的基本权利。尤其保障弱势群体教育机会均等，依法保障农业转移人口和其他进城务工人员随迁子女平等接受义务教育的权利，建立健全农村留守儿童关爱服务机制，保障女童入学。改善民族地区的办学条件与资源配置水平，努力缩小差距。使每一所学校都达到基本办学条件，统筹城乡义务教育资源均衡配置、均衡发展，加快发展农村教育，改善办学条件，提高教育质量，增加对农村义务教育薄弱学校改造的资金投入，提高农村中小学生均公用经费基准定额。坚持区域均衡发展，积极支持贫困地区、少数民族地区、边境地区发展教育，努力缩小东西部地区差距。消除民族地区教育机会的城乡二元差异。努力推动校际入学机会均等、学习条件均衡化，提供接受优质教育资源的同等机会。

第二，弱势补偿，实施积极的差别待遇。弱势补偿与积极的差别待遇是民族地区实现教育公平的关键点与突破口。通过看似“厚此薄彼”的差别化政策，对不同背景和不同条件的地区或个人给予不同的待遇。给予民族地区尤其是处境不利的群体或个人以补偿性的优惠待遇，缩小民族地区与高教育成就的地区、弱势群体与强势群体之间的差距，将差距限定在合理的、可接受的范围内，从而实现真正的教育公平。

第三，提升质量，促进高质量的民族教育公平发展。民族教育公平的实质是实现全体人民平等共享教育资源，实现区域的均衡发展和贫困地区的跨越式发展。努力构建高质量的民族教育公平发展格局，走出低水平徘徊的困境。民族教育公平不能通过降低标准来实现，而要坚持把发展的规模、速度、结构与提高质量、效益紧密结合。在扩大教育发展规模、调整教育结构布局的同时，把教育质量和办学效益提高到一个新水平。不断扩大优质教育资源覆盖面，将学校布局规划纳入新型城镇化和社会主义新农村建设规划，并从实践需要出发、充分倾听老百姓的教育诉求，立足公平、普惠、便民，优化学校空间布局结构。

正如习近平同志强调的，以教育公平促进社会公平正义。民族教育始终是我国教育历来重视的问题之一；而推动民族教育公平发展是关涉民族地区团结稳定、繁荣发展的基础性工作。民族地区教育公平发展，既是推进民族地区精准脱贫，实现经济发展的“加速器”、科学进步的“孵化器”，同时，又被视为民族地区社会发展的“稳定器”和“平衡器”。在民族地区内加大对教育的投入，推动少数民族地区教育的发展，实现地区间、城乡间、民族间教育的平衡公平发展。这不仅是整个教育公平发展的前提，也是我国实现民族团结、民族繁荣与构建和谐社会的前提。民族教育公平与民族地区人们受教育程度和经济收入息息相关，决定着民族地区人们的思想素质和科学技术水平及能力的提高，直接作用于民族地区社会经济建设，决定着民族地区人们的物质利益的获取程度；民族教育公平还体现着一个社会和国家的精神风尚和文化传统底蕴，有利于促进诚信友爱、充满活力的先进文化体系的构建和价值内涵的深化，对发挥社会资源的体制优势有着重要意义。集中连片贫困地区与民族地区很大程度上重合，必须将民族团结、教育公平、经济收入提高、文化素质提升等因素联系在一起，统筹发展。因此，从这个意义上讲，民族地区社会和谐、脱贫致富、团结奋进，必须做到民族教育公平。实事求是，解放思想，与时俱进，不断深化民族教育的改革与创新，不断推进民族教育公平发展，是当前必须正视的工作重点，也是今后不可回避的发展趋势。

第三章　广西壮族自治区集中连片特困县教育发展研究

2015 年 9 月，课题组围绕广西壮族自治区集中连片特困县教育事业发展情况这一主题赴广西壮族自治区进行调研。课题组先后赴上林县、忻城县、环江毛南族自治县展开调研，走访考察 11 所学校，召开 4 场座谈会，察看了教室、食堂、学生宿舍、教师周转房等办学设施，接触了百余名一线教师和学生，通过实地考察、召开座谈会、随机访谈等形式，对广西壮族自治区特别是 3 个连片特困县的学前教育、义务教育、普通高中教育、中等职业教育、高等教育进行了较为全面深入的了解。

一、经济社会及教育事业发展情况

（一）经济社会发展情况

广西是我国少数民族人口较多的省区之一，有壮、汉、瑶、苗、侗、仫佬、毛南、回、京、水、彝、仡佬 12 个世居民族和其他 44 个民族成分。2014 年，全区总人口 5480 万人，其中少数民族人口 2077 万人，占总人口数的 37.9%，其中壮族人口 1760 万人，占总人口数的 32.1%。2014 年自治区实现生产总值 2750 亿元，比 2013 年增长 8%。公共财政预算收入 339.8 亿元，比 2013 年增长 10.2%，全区公共财政预算支出完成 1000.4 亿元，增长 7.4%。其中教育经费总支出 162.9 亿元，增长 5.84%。全年农村居民人均纯收入 8410 元，城镇居民人均可支配收入 23285 元。广西贫困人口从 2011 年的 1012 万减少到 2014 年的 634 万，378 万人实现脱贫。

（二）教育事业发展主要成就

2014年底，广西学前三年毛入园率、九年义务教育巩固率、高中阶段教育毛入学率、高等教育毛入学率分别达到70.4%、90.3%、82%、27.3%，分别比2013年增长4.4、0.3、4、2.3个百分点，教育主要指标增长的幅度为历年最高。

全区现有各级各类学校2.5万所，在校学生1084万人，专任教师49.8万人，教育人口占全区总人口的五分之一。

在各级各类学校在校生中，少数民族学生及其所占的比重分别为：学前教育66.9万人，占33.9%；小学164.9万人，占38.2%；普通初中69.4万人，占35.6%；高中阶段教育（不含技工学校）53.8万人，占33.2%；高等教育31.23万人，占32.25%。

在全区的专任教师中，少数民族专任教师及其所占的比重分别为：小学8.44万人，占40.1%；普通中学6.1万人，占36%；中等职业学校0.48万人，占23.5%；普通高等院校0.82万人，占21.8%。

优先规划，加大保障，确保教育事业快速发展

1. 2011年2月，自治区颁布实施《广西壮族自治区中长期教育改革和发展规划纲要（2010—2020年）》，提出了10年教育改革发展的指导思想、工作方针、总体目标、战略主题、发展任务、体制改革和保障措施，为加快改革全区教育事业奠定了思想基础，为政府决策、制定政策、教育管理等提供重要依据。

2. 根据中长期教育改革发展规划，制定了“十二五”教育发展计划及学前教育、义务教育、普通高中建设、高校设置等10多个教育专项计划。2014年自治区制定出台了《关于加快改革创新全面振兴教育的决定》及17个配套文件，涉及教育投入、规划、土地、人事分配制度改革等方面，提出了包括“双千”（筹集1000亿元资金，建1000所以上学校）计划在内的广西教育振兴行动计划，明确了“三基本、两提升、一率先、六达到”的目标，形成了远近结合、相互衔接的教育规划和政策体系。

3. 深入调查研究，找准少数民族教育和民族地区教育发展的薄弱环节和短板，把准发展重点和难点，制定相关方案，对接国家部委，在政策、项目、资金等方面，争取中央对广西教育发展倾斜支持。同时，加大自身

资金筹措力度，切实提高财政教育支出占公共财政支出比重，确保教育经费的“三个增长”，有力保障全区教育事业科学发展。2014 年，广西公共财政教育投入 659.53 亿元，比 2013 年增加 47.68 亿元，增长 7.79%。

综合改革，创新机制，推动各级各类教育发展

从 1994 年起，广西壮族自治区开始实施“两基”攻坚战，于 2007 年基本普及九年义务教育，在 5 个自治区中率先实现“两基”目标。

1. 建立多元普惠办园新机制，创新发展学前教育。

自治区出台了《关于创新体制机制加快学前教育发展的若干意见》等政策文件，建立了多元普惠幼儿园办园新机制。2014 年，认定多元普惠幼儿园 1000 所，落实奖补资金 5600 多万元，受益幼儿达 23 万余人。

2. 落实政府统筹责任，义务教育均衡发展取得新突破。

自治区、市、县层层签订推进义务教育均衡发展责任状，实施“全面改薄”工程、义务教育标准化建设工作，筹措下达各类项目资金 60 多亿元，改善义务教育学校办学条件。2015 年，全区义务教育学校 14789 所，达到标准化学校 3254 所，占比 22%，其中农村学校 13722 所，达到标准化学校 2827 所，占比 21%，城市学校 1067 所，达到标准化学校 427 所，占比 40%。在 29 个特困县中，龙胜县通过了国家义务教育均衡发展督导评估；忻城县通过了自治区义务教育均衡发展督导评估。

3. 普通高中加快发展，扩大优质资源。

自治区筹措专项资金 6 亿元，支持各地新建普通高中 12 所、改扩建普通高中 80 所，新增校舍面积 25 万平方米，加强普通高中图书、教学仪器设备以及体育运动场等附属设施建设。自治区财政首次设立普通高中贷款贴息资金 5000 万元，支持 69 所普通高中建设，带动各地投入普通高中学校建设 9.5 亿元。进一步扩大普通高中优质资源，自治区示范性普通高中达到 139 所，实现了自治区示范性普通高中县全覆盖。

4. 扎实推进职业教育综合改革试验区建设。

根据国务院关于加快发展现代职业教育决定的实施意见，编制了自治区现代职业教育发展规划（2015—2020 年）。重点是抓好县级中职学校综合改革，推动每县办好 1 所新型中等职业学校。加强市级统筹，扩大招生规模。深化专业设置和课程改革，加强与产业对接，强化技术技能培养，提高中职学生综合素质。

自治区先后组织实施了职教攻坚三年计划和深化职教攻坚五年计划，与教育部共建国家民族地区职业教育综合改革试验区、共同举办中国—东盟职业教育联展暨论坛，启动实施县级中专综合改革，构建人才成长立交桥，加快建设现代职业教育体系。实现了职业学校与普通高中融通办学、与高职院校贯通办学。建立校企合作新机制，推进职业教育园区化办学和集团化办学。

在职教扶贫富民方面，2008 年以来筹措投入专项资金 22.48 亿元，资助学生近 150 万人次，实现了中职学生免学费全覆盖，帮助大批青少年通过接受职业教育顺利就业创业，实现由农村走向城市、由贫困走向富裕。从 2014 年起，实施“9+3”免费教育计划，精确瞄准扶贫对象，面向完成免费九年义务教育后的贫困家庭学生，加大其接受职业教育的资助力度，优先安排国家助学金、升读高职院校学费补助和巾帼励志班、百川励志班、博世励志班等扶贫培训补助，开展定向精准合理引导、职业规划帮扶和就业援助帮扶，助推贫困家庭学生就业创业，实现技术技能脱贫致富。

5. 推动高等教育综合改革，提高高校特色化水平取得新进展。

2014 年，出台了《广西壮族自治区人民政府关于深化高等教育综合改革的意见》，实施“强基创优”计划。探索建立高校分类扶持新机制，筹措下达各类经费 27 亿元，按“扶需、扶特、扶优”原则，对高校进行分类支持。启动高校转型发展应用技术大学试点，确定 4 所整体转型学校和 31 个参与转型试点的专业群，推动本科高校转型发展。启动本科教学工作审核评估，组建广西高等学校本科专业类教学指导委员会，公布高等学校人才培养质量年度报告，高等教育质量保障机制进一步健全。进一步扩大教育交流与合作，新招收自费留学生 2528 人，筹集 1.2 亿元支持高校留学生公寓建设，与香港签署教育合作协议，共建桂港职业教育中心。

自治区实施高等学校面向贫困地区定向招生专项计划，2013 年、2014 年共下达国家级贫困地区招生计划 760 个；2014 年下达自治区贫困县定向招生计划 160 个。自治区普通高等学校举办的民族预科班主要招收贫困地区少数民族学生，2014 年共招收贫困地区学生 2981 人，其中 1000 人为免费生。通过扩大贫困地区定向招生规模，大幅增加了贫困地区学生接受优质高等教育的机会。

自治区为加强民族院校特色学科建设和民族预科教育基地建设，改善民族学校办学条件，加快推进高校科技创新平台建设，重点建设20个广西协同创新中心、20个广西人文社科研究基地、100个广西高校重点实验室，组织高等学校开展科技帮扶和科学普及推广活动，充分发挥高等学校在人才扶贫、科技扶贫、智力扶贫、信息扶贫等方面的积极作用。

坚持教育公平，着力提高人民群众的满意度

近年来，自治区采取多种措施，帮助家庭经济困难的少数民族学生完成学业，并努力帮助他们就业、创业。

1. 精确瞄准扶贫对象，为在校就读的贫困户子女建档立卡，建立贫困学生资助管理信息系统，对扶贫对象实行动态管理，对受助过程进行全程跟踪监管。

2. 优先享受教育资助，建档立卡贫困户子女在校就读期间，除享受国家普惠性资助政策外，还优先享受义务教育寄宿生生活费补助、普通高中国家助学金、中等职业教育国家助学金、高等教育国家助学金和助学贷款等各项资助。

3. 实施扶贫培训补助，根据不同的扶贫培训模式进行不同的扶贫帮扶，如给予就读普通高校本科（一本、二本）的学生每生一次性补助5000元，给予就读中等、高等职业院校的学生每生每年3000元补助（前两年），给予就读中职扶贫巾帼励志班的学生每生每年4000元补助。

4. 实施定人定向结对帮扶，落实县、乡两级干部定人、定向联系的帮扶责任，每位干部负责联系若干名贫困户子女，全程跟踪，直至其完成学业和就业。

5. 实施就业帮扶和就业援助，建立贫困生动态帮扶档案，至少落实“一次个体咨询、一次优先推荐、一次技能培训、一项就业补贴”等帮扶措施。

6. 建立多部门联动工作机制，各级教育、扶贫、财政等部门各司其职，密切配合，优势互补，完善档案管理，强化资金监管，加强政策宣传，形成强大工作合力。

坚持强质增量，着力提高教师队伍整体水平

2014年，自治区提出实施教师队伍强质增量工程，连续出台了《关于加强教师队伍建设的意见》《关于进一步完善各级各类学校教职工激励机制的若干意见》《关于推进教师教育改革的意见》《关于加强广西高等学校青年教师队伍建设的实施意见》《广西中小学教师公开招聘办法（试行）》《关于进一步加强和改进各级各类学校教职工编制管理工作的意见》等一系列政策文件。同时，为不断提升教师队伍的综合素质和整体水平，自治区采取了以下措施：

1. 以教师节为契机，组织开展一系列评优评先及宣传活动，加强师德师风建设，规范教师从教行为，营造良好的尊师重教氛围。

2. 启动中小学教师统一公开招聘专项考试，2014 年公开招聘 8000 多名中小学教师，有效解决了教师紧缺问题。

3. 实施农村中小学教师支教走教计划，2014 年筹措资金 4549 万元，选派 3775 名教师走教支教；启动乡村教师生活补助计划，全区共发放 1.37 亿元生活补助，5.37 万名乡村教师受益；继续实施中小学特岗教师计划，招聘教师 6900 名到农村中小学任教；继续实施农村小学全科教师定向培养计划，招收小学全科师范生 3000 名。

4. 以"国培计划"和"区培计划"为抓手，大力开展教师培训，2010 年以来累计投入经费 5 亿多元，培训教师 60 余万人次，实现了全区教师培训全学段、全学科、全员覆盖。

坚持民族特色，着力提高民族教育发展水平

第一，积极推动民族文化传承教育，创建办学特色。从 2013 年起，自治区确定了一批中小学作为民族文化教育示范学校创建对象，每年投入 900 万元专项经费支持学校建设，市、县（市、区）两级还分别给予配套投入，加强倾斜和支持，促使学校改善办学条件，突出民族文化育人特色，帮助指导学校培训民族文化教育师资，优化民族文化教育资源，加强校本课程建设，广泛开展民族文化传承系列教育活动。

2015 年，自治区教育厅、民委、人社厅、文化厅联合印发《广西职业教育民族文化传承创新工程实施方案》，推动中职学校将民族文化融入学校教育全过程、改革民间传统手工艺传承模式、加强非物质文化遗产传承人才培养、探索民族文化的现代传承机制。

首批确定了 17 个职业教育民族文化传承创新基地，基地建设已初具规模。到 2020 年，自治区将建成 40 个民族文化传承创新职业教育基地，形成职业教育与非物质文化遗产传承人才培养、优秀民族文化教育保护的有效机制，为广西民族特色产业、文化产业发展提供人才支撑。

第二，大力加强学校民族团结教育。在中小学，切实抓好民族团结教育课程的实施。从2011年起，自治区财政安排专项经费，支持学校开设民族团结教育课程，向义务教育学校免费提供民族团结教育教材。积极创新活动载体和形式，推动学校民族团结教育深入开展。2014年12月，自治区开展全区性的中小学民族团结知识网络竞赛和电视大赛，参赛人数达92万人。在高校，同样高度重视开展民族团结教育，在“思想道德修养与法律基础”和“形势与政策”课中渗透民族理论、民族政策教育内容，有条件的高校开设马克思主义民族观教育的必修课程和民族理论等选修课程，系统介绍马克思主义民族观思想。

第三，积极稳妥开展壮汉双语教育。2012年，自治区出台了《关于进一步加强壮汉双语教育工作的意见》，同年自治区教育厅印发了《壮语文课程标准（试行）》，2013年，自治区教育厅下发《关于加强壮汉双语教学实验的通知》，指导壮族聚居地区中小学开展壮汉双语教学多种模式实验。截至2017年秋季学期，全区实施壮汉双语教育的县（市、区）共有36个，双语小学197所，在校生58000人；双语初中30所，在校生45980人；3所高中开设壮语文选修课，在校生6460人。主要做法是：

1. 创新壮汉双语教学模式。在完善壮汉双语同步教学模式的基础上，创新了义务教育阶段的壮汉双语二类教学模式、高中阶段的壮语文选修课教学模式。

2. 加强壮汉双语课程教材建设。组织制定《初中壮语文课程标准》《高中壮语文选修课课程标准》，近三年，每年组织专家审查壮汉双语教育教材、教师用书、课外读物均超过40种，进一步完善壮汉双语教育课程和教材体系。

3. 加强壮汉双语师资保障。从2014年起实施“小学壮汉双语教师定向培养计划”，每年招录免费培养100名小学教育（壮汉双语方向）专业师范生。同时，加强在职双语教师培训，包括实施“壮汉双语教学名师培养工程”“培训+学历”壮汉双语教师培训班、各类双语教师专项培训班等。近三年，每年培训人数均超过1000人次。

4. 强化壮汉双语教研工作。2010年以来，每年轮流举办小学生讲标准壮语故事比赛、壮作文比赛、壮语才艺表演赛，双语教师说课、课件、论文比赛，举办各种壮汉双语教学研讨、观摩、研修活动，有力地促进了壮汉双语教育教学工作持续健康发展。

第四，加强少数民族人才培养。2011年，自治区对少数民族预科教育进行改革：

1. 在实施免费民族预科生办学形式的基础上，实施免费民族预科生和普通民族预科生两种办学形式，免费预科生招生范围从50个县（市、区）调整为60个县（市、区）。

2. 扩大招生规模，每年按20%递增招收少数民族预科生。2011—2015年民族预科招生数分别为1376人、1651人、2485人、2984人、3581人，2015年比2010年少数民族预科招生增长了220%。

3. 扩大招收民族预科学校。目前，自治区招收民族预科生的本科院校达到28所，比2010年的14所增加了一倍。同时，增加了百色学院作为承担集中培养民族预科生任务的高校。

4. 加强少数民族预科生管理。制定《广西壮族自治区高等学校少数民族预科生管理暂行规定》和《广西壮族自治区高等学校少数民族预科生综合素质测评办法》。同时，切实做好国家“少数民族高层次骨干人才培养计划”实施工作。2011—2014年，“少干计划”分别录取广西籍硕士考生262人、320人、293人、309人，共录取1184人，连续三年超额完成教育部下达的指标任务；四年共录取广西籍博士考生394人，每年录取人数约占全国总指标1000名的10%。

二、教育事业发展存在的问题和困难

虽然广西壮族自治区近年来教育事业取得了显著成绩，但仍然受到一些特殊困难的制约，特别是29个连片特困县仍面临着很多突出问题和困难。

1. 广西贫困人口多，教育扶贫任务艰巨，教育资源有限

全区110个县区仍有贫困人口634万人，贫困发生率为14.9%，比全国平均水平高6.4个百分点，贫困人口总量在全国排第5位，在西部12个省区市中仅次于贵州、云南省，排第3位，贫困发生率在全国排第8位，减贫任务相当艰巨。广西贫困人口主要集中在64个少数民族聚居县区，达423万人，占到了全区贫困总人口的66.69%，其余46个县区贫困人口占33.31%。在64个少数民族聚居县区中，29个集中连片特困地区县区有贫

困人口 289 万人，占全区贫困总人口的 45.6%，虽然得到了国家的大力支持，但教育扶贫任务仍然较重。35 个未纳入集中连片特困地区少数民族聚居县区有贫困人口 134 万人，占全区贫困总人口的 21.09%，这 35 个县区教育基础与 29 个县区一样薄弱，但没有得到像集中连片地区一样的中央支持，差距逐步拉大，教育扶贫任务更重。

由于集中连片特困地区都属石漠化地区，经济发展水平低，贫困人口集中，占到了全区贫困人口的 45.6%，办学基础条件依然较差，仍面临教育扶贫有效性和持续性得不到保障等诸多困难。

2. 学前教育举步维艰

一是摊子大、底子薄、基础差，投入不足，发展较缓慢，因为没有专项学前教育工作经费、培训经费，导致无法正常开展工作。

二是幼儿园教师编制极缺，例如，某县共有适龄幼儿 14000 多人，约 400 个幼儿班，按标准编比至少需要 500 名学历、专业符合要求的专任教师。目前该县幼儿教师仅有 60 多个编制，已经建成的乡镇中心幼儿园，面临着无法落实专任教师编制的问题。

三是师资力量严重不足，具有合格的学前教育专业学历的教师极少，远远无法满足学前教育发展的需求。目前全区公办幼儿园教师学历合格率较高，民办幼儿园教师学历合格率较低，小学附属幼儿班、学前班的老师年龄偏大，不适合从事学前教育。师资力量严重不足已成为学前教育发展的瓶颈问题。

3. 义务教育发展不均衡

义务教育学校标准化程度低，达到标准化的学校仅为 22%，农村标准化的学校为 20.6%。

一是县域义务教育学校发展不均衡，城区学校挤，农村学校弱。由于受到学校基础设施、办学条件、师资力量及经费投入等因素的制约，加上城镇化进程的进一步加快，城区学校与乡镇学校、乡镇中心校与村校、点校之间的发展差距较大，造成点校、村校生源不足，中心校及城区学校班额较大，出现“大班额”问题。

二是随着城镇化进程的加快，学校布局结构不断进行调整，乡镇中心小学和中心区域小学的寄宿学生大幅增加，“大通铺”现象非常严重。办好乡镇中心小学和中心区域小学及办学规模较大的村级小学，大量地扩大寄宿制学校的寄宿规模任务艰巨。农村一些学校学科结构不合理（如外语、美术、音乐等学科教师不足），骨干教师不足。乡镇学校布局调整后，教学点普遍师资力量薄弱，设施设备不足。城乡教育无论办学条件、师资力量，还是教育水平都存在明显差异，呈现出不均衡的发展态势。

三是撤点并校后，住宿生年龄偏小，自理能力较差，给学校管理带来一定难度，在一定程度上影响儿童的身心健康。而且每周末往返学校也存在一定的安全隐患。

四是寄宿制学校建设任务艰巨，存在安全隐患。广西现有义务教育学生 621.33 万人，其中农村学生 544.72 万人，占 87.67%。义务教育阶段农村寄宿制学生 197 万人，其中小学寄宿生 54 万人，初中寄宿生 143 万人，寄宿条件差，“大通铺”问题突出（共有 152 万名学生合铺）。要保障寄宿学生一人一床，还需要建设农村寄宿制小学学生宿舍 100 万平方米、农村寄宿制初中学生宿舍 308 万平方米，需要投入资金 70 亿元。

4. 职业教育发展能力不足

一是招生工作难度大，主要是家长、学生对职业教育认识不足，认识不够全面，还摆脱不了传统观念的束缚，认为初中毕业后必须读高中上大学才有前途，造成部分学生不愿意就读中职。

二是基础建设相对落后，职校办学规模小、办学没有吸引力。职校的基础建设不能完全满足学生学习生活需要，特别是学生运动场所及设备普遍缺失，学校绿化、美化、亮化及校园文化建设亟待加强。全区 76 个县级职教中心校舍面积缺口 360 万平方米、图书缺口 480 万册、实训设备资金缺口 3 亿元。办学条件不足，是广西职业教育发展的最大“瓶颈”。

5. 双语教育推进困难

一是学生学习双语的课业负担重。民族学校由于开设双语课，与普通学校相比，周课时数和总课时数多于普通学校。“三语”课时比重大，势必挤占其他学科的课时数，影响其他学科的教学质量。学前班未开设双语教学课程，学生一年级才学习壮语拼音，容易跟汉语拼音混淆，学习效果不佳。

二是双语教师队伍整体素质不高，“双语型”教师比例过低。壮汉双语师资力量不足。壮汉双语教学还处于起步阶段，目前学校没有专任教师，很难满足学校双语教学要求。民族中小学双语教师的整体素质还不能完全适应教学需要。部分地区壮族教师不懂状语文字。在其他学科教学中，能同时用民族语和汉语授课的“双语型”教师比例过低。

三是教师年龄老化，双语教师补充困难。由于民族学校规模不断缩减，学校布局调整步伐加快，造成教师队伍在数量上整体超编，严重阻碍了青年双语教师的引入和培养。如部分小学由于超编，已经五年没有招聘教师，致使教师队伍年龄老化，45—55 岁间的教师占任课教师的 50%；35—45 岁的教师占 44.1%；35 岁以下的教师只有 4 人。

四是散杂居地区的母语教学面临严峻考验。随着城市化进程的推进，壮族学生因生源萎缩逐步集中到城镇就读后，语言环境、社会环境发生变化，在散杂居地区，壮族学生的汉语水平得到普遍提高，母语使用率反而大大降低，汉语语言环境正逐步取代以往以母语为主的语言环境。

6. 教师队伍建设亟待加强

一是教师数量不足，队伍不稳定。按国家 2014 年城乡统一编制标准测算，相比于 2010 年自治区下达的编制数，全区初中教师缺编人数 1.8 万，全区小学教师缺编人数 2.9 万。教师数量不足主要体现在结构上，农村中小学美术、音乐、体育、英语、信息技术、地理、生物等学科的专任教师相对缺乏。此外，农村学校教师住房条件差，目前建有教师周转房的学校不足 10%。

二是教师队伍专业性不强，课堂整体水平不高。自治区全区有近三分之二教师通过自学、函授等应试型方式在职提高学历，没有接受系统的专业教育，知识结构和教学能力都难以适应实施素质教育的要求。课堂上，不少教师教育观念陈旧，不分析学情、教情，忽视学生差异性，教学方法落后，满堂灌现象普遍，针对性不强。

7. 边境地区教育处于低水平状态

目前边境地区教育越来越边缘化，教育资源匮乏，边民及子女内迁，师生流失严重，师资队伍老化，教师工资待遇低，教师住房紧缺，优秀教师留不住等。

三、对策建议

1. 深入贯彻落实教育优先发展战略，通过加快发展集中连片特困县教育事业，提升公众的知识水平和科学素养，储蓄人力资源，推动特困县经济、社会、文化、生态的可持续发展。一是加快实施连片贫困地区扶贫攻坚计划，通过提高民族贫困地区各民族的受教育水平，从根本上解决贫困问题，实现贫困地区人民群众的脱贫致富。二是把发展民族教育作为提升连片特困地区教育水平的重要举措。连片贫困地区教育核心是少数民族教育，需要进一步明确民族教育在促进连片贫困地区经济社会发展中的全局性、基础性、先导性战略地位。优先发展民族教育，大力提高少数民族人口素质，实施民族教育学校质量提升工程，实施民族教育内涵发展战略，全面提高民族教育质量。贯彻落实好《民族区域自治法》中国家关于支持发展民族地区教育和少数民族教育的有关规定，继续加大对民族地区教育的投入，包括学前教育、义务教育、普通高中教育、职业教育、高等教育、特殊教育等，改善民族地区各级各类教育的基础条件，提高少数民族人口接受中高等教育的资助比例和标准，缩小民族地区和少数民族教育的差距。

2. 进一步建立和完善各级政府职能分担机制，发挥各级政府在教育经费投入、基础设施建设、公共教育资源配置等方面的主体责任。

在调研中，课题组搜集到很多优秀教师的案例，最有代表性的是石兰松老师。2015 年 9 月 8 日，广西壮族自治区上林县石兰松老师荣获首届“启功教师奖”①。石兰松老师三十年如一日，甘做留守儿童的“摆渡教师”“心灵陪护人”“生活保姆”，是当之无愧的留守儿童“守护神”，他的三十年如一日身兼数职、当好教学点唯一教师的事迹，经媒体报道后，在社会上引起强烈反响。自治区领导先后做出重要批示，高度肯定“石兰松精神”，并号召全区教师和教育工作者大力学习弘扬“石兰松精神”，坚守岗位，恪尽职守，为教育事业发展做出新的更大贡献。

在调研中，石兰松老师只是众多“一师一校”教学点、乡村教师的一员，如蓝金威老师等，都是三十多年守在教学点兢兢业业从未离开的平凡教师。学习“石兰松精神”，号召教师高度自觉、提升自我奉献精神，这固然是必要的，而“石兰松精神”为代表的平凡教师甘于奉献、尽职守责

---

① 石兰松是上林县大龙洞村刁望教学点教师，从 1985 年到教学点任代课教师那天起，他一肩挑起老师、保育员和摆渡人的重担。每天清晨 7 时，他都会准时赶到湖边接附近的孩子到教学点上课。26 年来，他把学生当亲生子女照顾，在水面上往返 4 万多次，先后划破 8 条木船，接送过 1000 多名学生，被当地群众誉为“摆渡教师”。

是非常可贵的。但是，“人民教育政府办”，在弘扬教师尽职尽责的同时，是否应该认识到，靠人道主义、奉献精神支撑的教师个体责任并不是解决贫困地区教育发展问题的有效之道，在推动贫困地区教育发展中，最大的责任主体就是政府。政府应以高度的责任感、使命感将自身的责任落实到位。

《国务院关于加快发展民族教育的决定》（以下简称《决定》）第七条明确提出“落实民族教育发展的条件保障”，其中的一项重要内容就是完善经费投入体制。《决定》指出，“各级政府要切实增加民族教育投入，加快推进民族地区基本公共教育服务均等化。中央财政针对民族地区特殊情况加大一般性转移支付和教育专项转移支付力度。整合民族教育中央专项资金并适时扩大资金规模，集中用于解决双语教育、教师培养培训、民族团结教育、民族文化交融创新等方面的突出问题。地方各级人民政府在安排财政转移支付资金和本级财力时要对民族教育给予倾斜。”这一项要求尤其要在基层教育发展中落到实处。事实上，当政府责任落实到位，就意味着“一师一校”会逐渐减少，“石兰松现象”也会逐渐减少，义务教育县域均衡会逐渐实现。

一是加大对各级各类教育的投入，加快民族中小学标准化建设，加快职业教育基础设施建设，支持高等教育特色专业发展。实施好教育民生计划，统筹各类教育项目资金，进一步提高民族教育的保障水平。幼儿园建设项目、义务教育薄弱学校改造计划、农村初中校舍改造工程、体育运动场改造项目、校舍供暖设施改造项目、营养改善计划、学生资助等继续向民族地区倾斜。

二是切实加大中央财政对连片贫困地区教育的转移支付，建立相关教育发展项目和工程，使连片贫困地区的教育投入有较大幅度的提高，建立持续提高连片贫困地区教育投入的机制，帮助连片贫困地区改善教育投入，壮大教育发展实力。

广西壮族自治区贫困县教育的问题归根结底是经费的紧张和不足，县级财政已经尽了最大努力，教育经费已占本级财政支出相当的比例。因此，针对贫困县财政紧张的现实情况，建议政府责任上移，国家对广西壮族自治区予以更大的支持。

（1）将广西壮族自治区 35 个少数民族聚居区县纳入国家有关部委“十三五”规划予以支持。广西壮族自治区 29 个集中连片特困县区得到中央较大支持，因此教育事业有了较快的发展。但还有35个少数民族聚居县区未能纳入连片区，得到中央支持的力度较小，教育发展缓慢。恳请中央有关部委在编制“十三五”规划和各部门专项规划时，充分考虑广西的实际情况和政策申请诉求，将35个少数民族聚居区县纳入“十三五”规划和各部门专项规划予以统筹解决。

（2）加大对广西教育专项资金的支持力度。在中央财政分配资金时，充分考虑广西人口总数、贫困状况，同时兼顾对革命老区、少数民族地区、边境地区教育倾斜支持等因素进行资金分配和安排，增加对广西一般性转移支付和教育专项转移支付的资金总量。

（3）增加少数民族中央补助专项经费。建议国家在安排少数民族中央补助专项经费时，适当考虑民族人口因素和民族教育的特殊需要，加大对广西的支持力度。

（4）加大对职业教育的倾斜扶持力度。建议国家建立职业教育综合奖补政策，并充分考虑西部地区、民族地区、革命老区、边境地区等区域因素，给予倾斜照顾，支持广西等民族地区实施高等职业院校生均拨款标准，扩大职业院校奖助学金覆盖面。

（5）加大对高等教育的支持力度。根据国家“一带一路”倡议和打造中国—东盟自贸区升级版的需要，支持广西筹建北部湾大学；尽可能给广西增加博士、硕士授权单位和学位授权点，在招生计划安排方面给予倾斜支持；将广西大学牵头的中国东盟区域研究协同创新中心，认定为国家级协同创新中心，到2020年支持广西建设并再认定2—3个国家级协同创新中心。

3. 坚持依法治教，建立完善民族教育政策、法律体系，并狠抓各项政策、法规的执行。认真贯彻落实全国民族教育工作会议精神，努力将国务院《关于加快发展民族教育的决定》规定的目标任务和各项要求落到实处，坚持民族因素和区域因素相结合，聚焦关键领域，狠抓薄弱环节，全面提高广西壮族自治区民族教育的质量和水平。

一是全面贯彻落实党的十八大、十九大关于建设法治国家的要求，抓紧起草《广西壮族自治区民族教育促进条例》等民族教育法规规章，全面加强依法治教、依法治校工作。

二是不断建立完善依法治教的工作机制。进一步明确依法治教工作的责任主体、监督主体及其权利义务，依法规范教育行政部门的教育行政行为和各级各类学校的办学行为，严格规范招生入学、学校管理等教育热点难点问题，依法推进教育改革与发展中特殊困难和突出问题的解决。

三是依据国家教育法律法规和自治区的有关规定，加快推进现代学校制度建设，制定和完善学校章程，形成学校在政府宏观管理下、面向社会依法按章程自主办学的良性运行机制。

4. 建立地方政府协作统筹机制，形成财政部门、人事部门等相关政府机构通力合作、国有企业等相关社会力量积极参与的联动机制，打通解决教育问题的各个环节。贫困县的教育发展不仅是教育本身的问题，还受制于社会发展不平衡、社会公共资源配置不均等多种因素，教育扶贫不仅是发展教育事业的要求，也是实现贫困县脱贫的关键之举。因此，贫困县的教育发展要建立多部门联动工作机制，各级教育、扶贫、财政等部门各司其职，密切配合，优势互补，形成强大工作合力。

一是实施就业帮扶和就业援助，建立贫困生动态帮扶档案，进一步落实“个体咨询、优先推荐、技能培训、就业补贴”等系列帮扶措施。

二是国务院扶贫办会同财政、发改、教育、民宗等部门在制定“十三五”规划，研究相关政策和项目时，针对未纳入集中连片特困地区、教育基础特别薄弱的少数民族聚居县区的困难展开专项调研，采取有力的补短板措施：即让广西这35个教育特别薄弱的少数民族聚居县区能按照集中连片特困地区的标准得到国家教育专项资金的倾斜支持。

5. 发挥地方政府的主观能动性，以中央决策为指导，结合地方特色，细化地方性教育发展政策，创造性地破解当地教育发展进程中的重点、难点问题。

一是加大对边境教育的重视程度和支持力度。全面摸清广西壮族自治区边境地区教育的问题，针对边境教育边缘化、教育资源匮乏、边民及子女内迁、师生流失严重、师资队伍老化、教师工资待遇低、教师住房紧缺、优秀教师留不住等问题，采取一系列行之有效的边境教育保障措施。建议一方面加强对边境教育的重视和发展力度，建立由中央统一建设边境县义务教育学校的机制，由中央财政统一转移支付，加快其达到标准化，树立国门教育形象，促进边境地区基础教育均衡发展；另一方面，加强边境国门学校的建设，改善办学条件，实施灵活多样、富有民族特色的课程体系，以培育中华民族共同体意识为核心价值引领，加强国家认同的教育。

二是科学稳妥推进双语教育。结合广西实际，落实“以壮为主，壮汉结合，以壮促汉，壮汉兼通”壮文进校园的十六字方针，深入研究壮文与汉语学习的关系，避免盲目推行壮文学习以增加学生学习负担。积极开展双语教学探讨与研究，强化双语教学管理，继续利用壮语文教学功能提高壮族地区基础教育教学质量，通过壮汉双语教育形式有效地传承民族文化。按照《壮语文课程标准（试行）》及有关实施办法的要求开足课时，完成壮汉双语教学任务。适当扩大壮汉双语教育规模，科学确定双语教学模式，做到各学段双语教学有机衔接。加强双语教材和教学资源建设，促进优质教育资源共享。继续组织双语教师参加培训，加强双语教师队伍建设，提高双语教师业务水平。广泛宣传壮汉双语教学实验的重要性，营造良好的社会氛围，充分调动广大师生的积极性；做好家长和群众的工作，以实验成果和高水平的教育教学质量，赢得社会和群众的支持。

三是积极探索民族文化进校园的有效教育模式。如何发挥校园的主阵地作用，促进民族文化的传承创新是非常重要的问题，环江毛南族自治县开展了一系列民族文化进校园的工作，这对探索民族文化教育模式具有很好的推动作用。建议全区结合本地、本民族的特点和实际情况，探索一条民族文化与学校教育相结合的有效之路。确立民族文化与学校文化、校园特色相结合，民族文化与日常生活紧密联系，民族文化以实践活动为主的总体思路。重点抓好民族语言、歌曲、舞蹈、体育和民族工艺制作等内容的挖掘，加大民族文化教材、教学资源的开发，尤其做好民间艺人、民族文化教师的储备和培训工作。

四是多措并举，加强教师队伍建设。强化师德师风，优化队伍结构，培养培训结合，改善教师待遇，完善激励机制，努力让教师成为民族地区最受尊重的职业。

（1）完善教师补充机制。认真分析山区学校教师队伍情况，出台补充政策，落实补充方案，吸引县内外优秀人才充实到教育工作岗位。加大对民族地区的师资培养力度，创新培训和培养模式，在“国培计划”等教师培训项目上进一步向特困地区倾斜，特别是要加强对中小学美术、音乐等紧缺学科教师的培养培训。

（2）进一步完善支教机制。区内通过内部调剂、接收实习生、安排受援地教师跟岗学习等多种方式，解决派出学校的教师缺口问题，同时，由国家层面统筹建立并完善双向支教交流机制，并对广西等财力基础薄弱省份给予经费支持，用于给予跟岗学习农村教师、实习生必要的交通和工作生活补助等。进一步完善中央支教选派工作经费使用办法。进一步明确缺口经费申请方式和结余经费处理方式，完善选派工作经费使用方式及范围，如，在下达名额指标不足以满足实际支教需求时，允许各地根据实际情况统筹使用支教选派经费用于支教。又如，允许各地根据实际情况统筹使用部分资金用于跟岗农村教师生活补助等。

（3）创造良好的工作环境。加大山区学校教师周转宿舍建设的力度，同时加快校园信息网络建设进度，为教师创造“安居乐业”的环境。

（4）提高薪酬和福利待遇。因县级财政困难，现行的县级财政统筹的教师绩效工资标准偏低，与县域其他行业、发达地区相比差距较大，只有建立与山区教育相适应的教师工资奖励制度和福利优待机制，才能鼓励更多的教师坚守山区的教育。

（5）重新核定教师队伍编制。农村地区特别是边远山区师生比应相应提高，以满足小规模校点教师需求。并按教师中各类职称的比例核定教育系统岗位设置指标，创新教育用人用编机制。

（6）实行职称评聘结合或提高岗位设置比例，以调动教师工作的积极性。当前自治区实行职称评聘分开，矛盾较突出，特别是实施岗位设置后，由于岗位设置比例太低，导致许多教师取得职称多年而无法聘任，打击了教师工作的积极性。建议降低或取消奖励性绩效工资比例，将奖励性绩效工资比例降至10%或取消，另增设年终奖金，以减少教师间矛盾。

6. 以义务教育和职业教育为重点，加快推进广西壮族自治区各级各类教育整体发展水平。

一是科学布局，合理规划，提高质量，促进学前教育内涵发展，坚持普惠性和公益性，努力构建“广覆盖、保基本、多形式”的学前教育公共服务体系。

（1）实施学前教育新三年行动计划，着力解决学前教育改革和发展中出现的问题，探索和完善各项机制建设，特别是管理机制、投入机制和教师编制长效机制建设，要力求有新突破。切实提高办园水平和保教质量，促进学前教育规模和内涵同步发展。

（2）鼓励社会力量以多种形式办幼儿园。各级政府可以采取政府购买服务、减免租金、以奖代补、派驻公办教师等多种形式予以扶持。

（3）加强监管，促进民办园健康发展。进一步加强幼儿园登记注册制度。严格实施幼儿园评估标准和办法，加强幼儿园整体规划，科学引导、扶持和发展民办幼儿园，促进学前教育事业健康发展。

（4）依靠编制部门，逐步配齐幼儿教师编制，可通过部分小学教师转岗和向社会公招等方式充实幼儿教师队伍力量，落实“两教一保”制度，建设一支合格、稳定的学前教育教师队伍，为“有质量”的学前教育奠定基础。

（5）争取落实专项的学前教育培训经费，有计划地实施学前教育师资培训工作，建立科学的学前教育师资培训机制，加大学前教育师资培训力度，不断提高学前教育教师队伍素质。

二是加快义务教育学校标准化和寄宿制学校建设，深入推进县域内义务教育均衡发展，持续强化“控辍保学”工作，提高义务教育巩固率。

（1）进一步完善义务教育投入保障的长效机制。坚持依法实现义务教育经费“三个增长”，继续重视义务教育均衡发展工作，把实现基本均衡作为新的起点，继续在政策、制度、财力上提供保障，继续加大对学校建设投入，加快项目建设，努力改善农村学校办学条件和教师住房条件。

（2）进一步提升义务教育学校标准化水平。认真研究标准化建设中存在的问题，进一步摸清情况，采取针对性措施加以解决。提早做好人口变动分析预测，继续将农村学校和薄弱学校作为重点，加大改善办学条件的力度，加大农村中小学寄宿制学校建设，尽可能满足学生寄宿需要，解决当前寄宿制学校“大通铺”问题。整体提升区域内义务教育资源配置水平，切实解决城镇大班额问题，办好每一所学校。

（3）进一步加强学校布局结构调整，优化教育资源，缩小城乡学校差距，促进义务教育均衡，着力解决城区学校“大班额”问题。

（4）增加农村中小学教职工编制数，特别是要增补寄宿制学校职工编制数。切实提高寄宿学校工友待遇，让学校能招到工友、留住工友，保证寄宿学生正常膳食，减轻教师过多的工作负担。

三是深化普通高中课程改革，发挥示范辐射作用。

落实自治区、地市、区县政府对于高中教育发展在组织领导、统筹规划、协调保障、工作推进和督促检查等方面的责任。明确各职能部门的职责，将高中教育发展和优质高中建设列入各级党委政府年度考核重要内容。防止强调学前教育、义务教育和职业教育时，出现轻视或忽视普通高中教育的现象。

（2）加大对办学条件的改善和基础能力建设的投入，确保以专项投入支持高中教育发展特别是优质高中建设，巩固完善普通高中学校办学条件。有计划地妥善解决高中学校负债问题，鼓励学校在法律法规和政策范围内不断增强自身的筹资和融资能力，鼓励多元化筹资办学，政府提供相应政策保障。

（3）牢固树立质量意识，着力抓好教育教学质量，实施有针对性的初高中衔接计划。

（4）提高高中教师的业务能力和综合素质。加大教师培训经费投入，进一步加大教师的培训力度。在培训方式上，采取“请进来”的办法，让专家深入课堂，加强专家引领，指导教师课堂教学，提高教师的学科素养和专业能力。

四是进一步优化高中阶段教育职普结构，扩大职业教育招生规模，努力实现“凡没有考上普通高中的全部进入职业中学”的目标。

（1）统筹安排，推进职教综合改革。加强师资队伍建设，推进职业教育课程改革，加大创建示范性专业和实训基地力度，加快中高职贯通办学、普职融通办学和对口升本工作，推进综合改革各项工作，并在实施过程中不断完善工作方案。

（2）大力宣传，狠抓招生工作。为扩大办学规模，确保招生任务的完成，每年应组织各方力量，共同参与职教宣传，齐抓共管，形成合力，落实职教招送生任务和“控辍保学”责任，并列入年终绩效考评指标，提高高中阶段毛入学率。

（3）建议降低专业教师引进门槛，满足教育教学工作需要。招聘县级职校专业教师时放宽招聘条件，学历为大专以上，相应教师资格证不作为必备条件等，本科学历和相应教师资格证可在上岗后经过继续教育，逐步完善提高；提高“非实名制”教师待遇，让职校能聘请到社会上的能工巧匠充实师资队伍，提高教学水平。

（4）积极探索“宽基础，活模块”的人才培养模式。在职业学校课程体系建设中进一步加强学校管理，推行半军事化管理，加强学生职业素养、文化素养教育，培养学生自律意识、职业意识、人文意识，培养“综合素质+一技之长”的技术技能型人才。

五是全面提升高等教育服务能力。大力调整民族院校、民族地区高校的专业结构，提高民族地区理工科教育水平。重点在工程、农学、医学、艺术等民族地区急需学科专业领域联合培养人才。

7. 加快推进教育信息化。

强化教育信息基础设施，加快推进“三通两平台”建设。制订教育信息化资源建设方案，开发、引进、编译双语教学、教师培训和民族文化等数字资源，并积极推广应用。

第四章　内蒙古自治区兴安盟集中连片特困县（旗）教育发展研究

2016 年 6 月，课题组赴内蒙古自治区兴安盟集中连片特困县（旗）调研。课题组先后深入兴安盟科右前旗、科右中旗和扎赉特旗，召开 4 场座谈会听取情况介绍，考察了近 20 所中小学幼儿园（其中选择性地听了部分学校的课），与教育行政部门负责同志、学校负责人、教师和学生开展了访谈，对自治区特别是兴安盟 5 个连片特困县（旗）的教育发展情况进行了较全面的了解。

一、经济社会及教育事业发展情况

兴安盟位于内蒙古自治区的东北部，因地处大兴安岭山脉中段而得名。兴安盟东北与黑龙江省相连，东南与吉林省毗邻，南部、西部、北部分别与内蒙古的通辽市、锡林郭勒盟和呼伦贝尔市相连，西北部与蒙古国接壤，边境线长 126 公里，南北长 380 公里，东西宽 320 公里，总面积 59806 平方公里。全盟总人口近 160 万，是以蒙古族占主体，汉族占多数，由蒙、汉、朝鲜、回等 20 多个民族组成的大家庭。

兴安盟辖 2 个县级市、1 个县、3 个旗，即乌兰浩特市、阿尔山市、突泉县、扎赉特旗、科尔沁右翼前旗、科尔沁右翼中旗。其中，阿尔山市、突泉县、扎赉特旗、科尔沁右翼前旗、科尔沁右翼中旗是国务院扶贫办确定的国家连片特困县。

表 1 五个特困县占兴安盟土地面积和人口比例情况

地区名称	面积（平方千米）	人口数量（万人）	面积占比	人口占比
兴安盟	59806	165	100.00%	100.00%
阿尔山市	7409	5	12.39%	3.03%
突泉县	4800	31	8.03%	18.79%
扎赉特旗	11837	39	19.79%	23.64%
科尔沁右翼前旗	19375	36	32.40%	21.82%
科尔沁右翼中旗	15613	25	26.11%	15.15%

注：行政区划、地名、面积和人口数据来源于《中华人民共和国行政区划简册》统计数据。

（一）兴安盟及所属连片特困县教育基本情况

兴安盟共有各级各类学校 582 所，在校生 207962 人，教职工 23925 人，专任教师 17995 人。其中，幼儿园 351 所，在园幼儿人数 36459 人，教职工 3229 人，专任教师 1935 人；小学 128 所，在校学生 85979 人，教职工 9506 人，专任教师 8330 人；初中 66 所，在校生 36799 人，教职工 6629 人，专任教师 4349 人；特殊教育学校 4 所，在校生 392 人，教职工 140 人，专任教师 117 人；普通高中 15 所，在校生 26710 人，教职工 2815 人，专任教师 2114 人；中等职业学校共 17 所，在校生 12089 人，教职工 1033 人，专任教师 764 人；高等院校 1 所，为兴安职业技术学院。兴安职业技术学院有在校生 5651 人，教职工 536 人，专任教师 356 人。

阿尔山市、科尔沁右翼前旗、科尔沁右翼中旗、扎赉特旗、突泉县五个连片特困县教育发展基本情况，见表 2。

表 2

地区名称	幼儿园园舍数	在园幼儿数	入园率	小学数	小学生人数	初中学校数	初中人数	义务教育巩固率	普通高中学校数	普通高中学生人数	中职/职高学校数	中职/职高学生人数	特殊教育学校数	特教学校学生数	专任教师数
兴安盟	351	36459		128	85979	66**	36799		15	26710	17	12089		492	17995
阿尔山市	8	429	82.81%	4	1762	1	373	95.00%	1	178	0	0	0	0	427
突泉县	98	5425	87.00%	19*	13781	10	5688	无	1	3650	1	453	0	0	3143
扎赉特旗	198	9607	89.93%	48	20409	12***	7470	95.31%	2	3889	1	1562	1	115	3744
科尔沁右翼前旗	100	6450	82.40%	23	15869	18	6035	98.46%	2	3444	1	2391	1	36	4364
科尔沁右翼中旗	113	5553	71.30%	38	15280	10	10315	94.05%	2	4585	1	336	1	18	3993

注：* 该数值含教学点 3 个，** 该数值含教学点 11 个、九年一贯制学校 8 所，*** 该数值含九年一贯制学校 8 所。

（二）主要做法和经验

一是广泛调动各方力量，大力发展学前教育。实施了“学前教育三年行动计划”二期和“十个全覆盖”工程，三年计划新建改扩建 312 所幼儿园（其中有 218 所是“十个全覆盖”工程），重点建设农村牧区幼儿园。截至 2016 年 6 月，共建设农村幼儿园 233 所，154 所已投入使用，新增学位 8745 人，有效增加了全盟学前教育资源总量，极大改善了农村牧区办园条件，学前三年毛入园率已达到 90%。全盟初步构建起以区、盟级示范性幼儿园为引领、示范，以乡镇中心幼儿园为核心，以村办幼儿园（教学点）为基础，以社会力量办园为补充的学前教育服务体系。突泉县狠抓民办园规范管理，由教育局牵头、联合市场监督管理局、消防大队、治安大队等单位组成联合检查组，集中整治安全隐患大、管理不规范的民办幼儿园办园资格，将原来持有办园许可证的 95 所民办幼儿园削减为 30 所，对存在问题整改后复查合格的民办园发放办园许可证。

二是调整义务教育学校布局，加快推进义务教育均衡发展。立足乡村实际，以方便居民生活、便于学生就近入学为出发点，合理调整优化学校布局。目前农村牧区小学数占总校数的67.2%，学生数占总学生数的46.7%；农村牧区初中校数占总校数的65.2%，农村牧区初中学生数占总学生数的24.3%。九年义务教育巩固率达到93%。制订了《兴安盟推进县域义务教育均衡发展规划》，确定了各旗县市实现县域义务教育均衡发展规划进度。阿尔山市已经顺利通过国家验收。出台《兴安盟中小学校本课程开发与实施指导意见》，启动了“中小学课程建设与管理”工程，在课改实践中摸索形成了“思、助、引、会、课、赛”教师专业发展“六字诀”，开展了“联系高端、搭建平台、深入体验、学习反思、落实行动”系列活动，一大批教学骨干迅速成长，课堂教学促进学生的全面发展显现成效。在调研中发现，兴安盟所属旗县市探索了许多均衡发展的经验，如乌兰浩特市深化办学体制改革，采取集团化办学、片区联合办学、普职联盟办学和内引外联“联姻”办学等四招，盘活了义务教育均衡发展这盘棋。扎赉特旗制定了《义务教育均衡发展规划》，使义务教育更趋于公平、公正，全旗义务教育巩固率为95.32%。

三是改善高中学校办学条件，引导和推动普通高中多样发展。出台了《兴安盟普通高中新课程实施方案》《兴安盟民族特色学校评估方案》《兴安盟普通高中办学条件和办学水平评估方案》《兴安盟中小学特色学校建设指导意见》，即在校园文化建设、学校办学水平提高、学校特色发展、新课程有效实施等方面，通过政策导向引导和推动普通高中优质特色化发展。全盟涌现出一大批具有鲜明特色的中小学，如围绕立德树人根本任务开展中华传统文化教育的扎赉特旗音德尔第六小学、实施国学经典传统文化教育和体育艺术教育的科右中旗巴彦呼舒第三中学、开展民族文化教育的科右前旗一中等。开发了学生养成教育、健康教育、科技教育、环境教育、传统文化教育等校本课程，如突泉县第一中学的《趣味英语》、扎赉特旗音德尔二中的《蒙语语法与民俗》、阿尔山一中《阿尔山地理》等校本课程，体现了浓郁的地方色彩。积极推动普通高中与高等教育优质资源的深度融合，乌兰浩特一中加入东北师范大学创新实验区，乌兰浩特市第四中学成为北京师范大学基础实验学校。

四是对接全盟经济社会发展需要和市场需求，稳步发展中等职业教育。瞄准市场需求，服务于产业发展与扶贫开发需要，积极加快中职学校专业结构调整。全盟职业学校专业由 2014 年的 33 个调整到现在的 14 个，每所学校重点建设了 2—3 个精品专业，特色品牌专业提升了学校办学质量，涌现出了科右前旗民族职高、兴安盟职教中心、乌兰浩特市职教中心等国家、自治区中等职业教育改革发展示范校。职业教育吸引力不断增强，中等职业学校招生近三年每年稳定在 5000 人以上，毕业生就业率持续稳定在 96%以上；对口升学专科以上上线率达到 98%，本科上线率达到 22%。突泉县扩大教学实践改革，确保全体学生技能考核初级工通过率 100%，最终实现学生“双证书”毕业。科右中旗职业技术学校与区内外 6 所院校建立了联合办学关系，与西贝餐饮管理有限公司旗下的全国各地连锁店及相关的对口服务行业建立了就业合作关系，为职业技术学校学生创造更多的升学就业机会，畜牧兽医、汽车修理、民族工艺等专业已成为全盟优势专业。职业培训深入拓展，科右前旗民族职业高中全年累计完成各类社会培训 7600 人次。

五是积极落实特教提升计划，保障残疾儿童少年接受教育的权利。依法落实特殊教育保障经费，2015 年共投入特殊教育专项经费 364 万元，特殊教育生均公用经费达到每生 5000 元。加大残疾学生助学资助力度，对义务教育阶段特殊教育学生在享受国家助学政策方面重点倾斜。全力推动兴安盟特殊教育学校“医教结合”自治区示范校创建工作和科右前旗特殊教育学校“医教结合”盟级试点工作，两校已正式启动康复训练课程。兴安盟特教学校针对听障学生动手能力和模仿能力强的特点开展美术手工方面的教育，针对智障儿童智力所限、生活难以自理的情况制定个体康复计划、开展日常生活能力教育，初步实现了学校设定的“一技之长、实现梦想”“一生之能、和谐幸福”的目标。截至目前，全盟特殊教育基本形成以特教学校为骨干、以残疾儿童少年随班就读为主体，聋教育以盟特殊教育学校为主、培智教育以旗县市特殊教育学校或随班就读为主，视障教育以随班就读为主的特殊教育格局，三类适龄残疾儿童入学率已达到 85%。科右前旗建立了准确的残疾儿童档案，在入学教育上做到“全覆盖、零拒绝”。

六是优先重点发展民族教育，提升民族地区学校办学特色和水平。2016 年印发《兴安盟民族教育办学水平提升计划》，盟级民族教育专项资金从过去每年 100 万元提高到 1500 万元，集中改善了旗县市和苏木乡镇民族学校办学条件。稳步发展双语教育，民族中小学从小学一年级开设汉语课，在小学生学好母语的基础上，从小学三年级开设外语课，让学生学习掌握一门外语。民族杂居地区汉语授课的少数民族学生从一年级加授乙类蒙语文。民族幼儿园从入园开始开展“双语”会话交流，为进入民族学校后学习国家通用语言文字奠定基础。高度重视民族传统文化传承。从 2013 年起，每年举办全盟蒙古语授课中学生校园那达慕，发起蒙授普通高中“阿尔嘎聪杯”辩论赛，从第八届开始成为东部五盟市、全区及八省区的一项民族文化交流活动。全盟 8 所开展马头琴和长调等第二课堂特色活动的民族学校成为自治区民族文化遗产项目试点学校，16 所民族学校被命名为“兴安盟特色民族学校”。科右前旗鼓励学校自编符合地域文化和学校实际的校本教材，编写了《传说》《蒙古族游牧文化》《民歌欣赏》三本乡土教材并在全旗各民族学校推广使用，收到良好效果。扎赉特旗举办了 2015 年度全旗民族学校管理现场会，对每所民族学校教学管理、德育工作、队伍建设、环境育人、后勤管理（食堂管理）、安全工作、幼儿园管理等方面进行拉链式观摩验收，并对全旗民族学校规范使用蒙古语文情况进行了首次评估验收。

七是加大教育投入力度，为教育优先发展提供有力保障。“十二五”期间，教育经费总投入由“十一五”期间的 64 亿元增加到 150 亿元，增长了 1.34 倍，较好落实了“三个增长”。对义务教育阶段学生实施“两免两补”政策（在“两免一补”基础上对义务教育学校寄宿生实施全面免除住宿费政策），且在此基础上对寄宿制学校按每年生均 200 元标准增加公用经费补助，对民族学校按双语授课学生人数和年生均公用经费基准定额标准的 10%增加公用经费补助。健全完善家庭经济困难学生和蒙古语授课学生资助制度，2015 年为家庭经济困难大学生发放资助金 5799 万元，受益学生 1647 人；发放中小学双语授课寄宿生生活费补助资金 5364 万元，受益学生 35395 人。全盟除乌兰浩特市外的五个旗县市共有 123 所学校实施了农村义务教育学生营养改善计划，45000 余名学生受益。认真落实连片特困地区乡村教师生活补助、全区苏木乡镇机关事业单位工作人员实行工作补贴政策和乡村教师职称评审倾斜政策，提高教师待遇。科右中旗还不断强化校长队伍建设，先后选派中小学校长 252 人次到北京、上海、天津、南京、呼和浩特、黑龙江、杭州等地学习或挂职锻炼，交流学习中小学管理经验，提高教育管理水平。启动实施支援兴安盟乡村教育计划，赤峰市、通辽市首批优秀退休支教教师20名已到校工作。大力普及信息技术教育，以“三通两平台”建设工作为核心，全面实施“校校通”工程和农村中小学现代远程教育工程，基础教育信息化环境得到改善，宽带网络对校园的全面覆盖，使偏远地区学校和教学点也能享受到优质的教育资源。阿尔山市为学校建设了标准化机房，为所有教师配备了一体机，80%以上的专任教师能利用信息技术和数字教育资源开展常态化教学。科右前旗学校的宽带进入率达到94%，其中光纤接入率达到54.9%。

二、教育事业发展存在的困难和问题

（一）各级各类教育基本达标，但整体水平偏低

整体而言，内蒙古自治区兴安盟的基本办学条件得以较大改善，各级各类教育都有了较大的进步，整体基本达标，但处于低水平运行状态，还需要进一步推进均衡发展战略，尤其是扩大优质教育资源覆盖面。

（二）经费保障不足，民族地区教育投入严重不足

地方财力薄弱直接导致教育配套能力不足，一些项目往往由于难以完成配套而无法正常启动，办学条件难以达标。

在学前教育投入上，由于兴安盟各级政府财力有限，学前教育经费只靠收取保育费维持幼儿园的正常运转，幼儿园每个月又要将收取的保育费的一半都用于支付外聘人员的工资，无法维持幼儿园正常保育教育工作。农村幼儿园收费普遍低于最低收费标准（200元/月），导致办园困难重重。

按照自治区中小学基本办学标准，全盟尚有资金缺口14亿元。其中，校舍、运动场地资金缺口10.7亿元，有78所中小学的教室、餐厅、浴室、宿舍等教辅用房不足，绝大多数中小学没有风雨操场和标准室外运动场地。实验室建设、教学仪器、音体美卫器材、生活设施资金缺口1.4亿元，课桌椅、图书资金缺口0.3亿元，信息化建设资金缺口1.6亿元。

2014年到2018年，国家实施全面改善贫困地区义务教育学校基本办学条件（全面改薄）工程。解决义务教育学校房舍不足、仪器设备短缺

等，改善办学条件。工程所需资金由中央、自治区、盟市、旗县四级财政共同分担。2014 年，自治区下达兴安盟该项资金为 10126 万元，其中，中央 7800 万元、自治区 2326 万元，盟市旗县配套 2341 万元，合计 12467 万元。且 2015—2018 年先按照 2014 年资金数做规划。2014—2018 年，四级财政共安排该资金 6.23 亿元，资金缺口 7.77 亿元。

（三）民族教育办学体制、管理体制亟待进一步改革

一是办学体制改革不适应教育现代化的发展趋势。兴安盟多数仍是政府办学模式，各级各类学校以政府办学为主体，教育资源配置市场化程度低，仍依靠行政命令调度教育资源，缺乏办学主体多元、形式多样的办学体制。同时，占比很小的民办教育受到诸如法规政策不完善、不配套等因素制约，办学体制先天不足、后续发展乏力，难以承担起有效补充公办教育不足的责任。

二是教育管理制度改革不深入，政府职能转变不到位。“统得过死”与“管理不到位”并存，地方教育部门缺乏自主权及主动创新能力，存在“等、要、靠”的思想依赖和路径依赖，现代学校制度建设乏力，学校自主权缺失。中小学校在增加民语文课课时、校本课程及教材开发、校外活动组织、教师对外交流培训等问题上都难以自主安排。

三是教育管理能力尚存欠缺，信息化管理水平不足。当地教育主管部门尚未建立起教育信息管理系统，对教育发展中存在的问题与不足缺乏连续、科学、精准的监测与评估制度，多停留于经验判断、感性描述，缺乏数据收集、整理、分析，难以提供准确的数据支撑。

（四）双语教育发展趋势向好但存在的困难较多

一是双语教师严重不足。多年来，新进教师中没有民语、民文教育专业教师，部分学校虽然少数民族学生较多，但由于没有双语教师，双语教学工作得不到顺利开展。

二是“双语教育”无教师编制。目前的“双语教育”主要在学前班开设，编办在为小学核编时，没有核算学前教育的教师编制，所有学校的双语学前班教师均为兼职或聘用临时工，兼职教师工作量大，临时工工资较低，教师不稳定，教学质量难以提高。

三是学前双语教育经费得不到保障，仅靠学校收取的保育费维持正常运转，学生人数少的学校，所收取的保育费还不够付聘用教师的工资。

（五）教师队伍建设仍需进一步加强

一是教师数量不足，队伍不稳定。兴安盟集中连片特困地区中小学教师数量普遍不足，寄宿制学校后勤炊事人员、安保人员编制和工资待遇问题难以解决，生师比逆向变化突出，在优质资源集中的城镇“大班额”突出，在偏远牧区还存在一定数量的一师一校；在岗教师教学任务繁重，除承担教学任务外，还兼任生活教师，管理人员和服务人员缺乏。

二是教师队伍专业性不强，课堂整体水平不高。生活条件差，城乡教师待遇差别大，优秀教师引进困难，城乡教师交流难度大；外专业转岗聘任的教师，缺乏必要的培训，专业化程度低，少数民族聚居区、内地高寒山区师资队伍水平质量相对更低。

三是教师职称评聘分离，且评职称比例远高于聘任比例，导致大量高级职称教师高职低聘，极大影响教师的工作积极性及学校团结。

四是教师结构性矛盾突出。幼儿园的音乐、体育、美术、计算机等专业教师普遍紧缺；义务教育阶段教师年龄结构、学科专业结构不尽合理。随着新课程改革的不断深入，小学由原来的五年制改为六年制，各学校均新增了心理健康课、安全教育课和体育课时，专任教师需求量增多。初中需要补充部分体育、音乐、美术、英语和信息技术教师。职高主要缺乏汽车应用及维修、电子应用技术、畜牧兽医等与经济社会发展相适应的专业教师。有双语双文教学任务的学校缺乏双语双文教学教师。

五是教师编制短缺。兴安盟现执行的教职工编制标准是 2002 年自治区下发的《中小学编制标准》，2003 年核定的编制数，距今已有十多年。在这期间，中小学不但新增了很多新课程，音体美等课程的课时量在不断增加，住宿生增多，信息化普及，心理教师、教育技术教师、校医、安全保卫、宿舍管理员、保育员、炊事员等需求都在增加，这要求有更高的编制标准。学前教育专业教师严重紧缺。近年来，按照国家关于加快发展学前教育的各项政策要求，学前教育基础设施建设逐年改善。但各苏木镇（工作部）尚未建立独立法人幼儿机构，人员编制尚未落实。按照国家规定的幼儿园生师配备标准，全盟幼儿师资队伍编制严重不足。

六是乡村教师生活补助偏低。目前执行的连片特困地区工作的乡村教师给予生活补助标准为在乡村（中心校）教师每人每月 200 元，在教学点工作的教师每人每月 300 元。补助标准普遍较低，乡村学校工作条件艰苦，工作任务繁重，较低的补助标准，难以起到稳定和吸引优秀人才在乡村学校任教的作用。

三、对策建议

（一）深化民族教育管理体制改革

一是建立顶层推进框架与统筹协调机制，完善民族教育发展联动机制，形成社会全方位参与、支持、服务民族教育事业发展的良好氛围，形成上下联动、左右协作的管理机制。建立教育、民宗、财政、人事和社会保障等部门的横向组织及从中央到地方的纵向统筹协调、分工合作的管理机制。

二是加快政府角色转变，形成集权与分权相结合的权力分配与制衡机制，统筹规划与适当放权相结合，赋予地方政府和学校一定的自主权，充分调动地方和学校的积极性。

（二）建立中央重点支持、省级政府统筹全额纳入财政预算的民族教育经费长效保障制度

一是完善教育财政转移支付和成本分担机制，中央财政加大对民族地区教育投入力度，重点加大对农村义务教育的投入力度，兜住底、补短板、促公正。对于集中连片特困地区、深度贫困地区采取当地义务教育经费由中央财政转移支付全部负担的特殊政策。撤销教育专项投入中市（县）匹配经费要求，由中央财政通过一般性转移支付给予补足。

二是增加中央财政民族教育专款至最少 30 亿元（按少数民族人口每人 30 元计），民族地区省级财政每年按上年财政支出或教育经费支出的一定比例安排民族教育专项经费，主要用于双语教育、民族团结教育、教师培养培训、农牧民子女教育、人口较少民族教育、民族教育科研等方面，提升民族地区教育质量和办学水平。

三是探索建立民族教育按系数拨款的机制，根据民族地区教育的特殊需求，在生均公用经费、教师津补贴等方面适当提高拨款标准。如，尽快确定学前教育生均拨款机制，制定学前教育生均公用经费标准，保障公办和公办性质幼儿园的保育管理、教师培训、设备购置等，确保公办幼儿园可持续发展。

四是完善优惠政策和奖励机制，鼓励和引导社会力量支持民族教育发展。

五是边境民族自治县实行项目资金零配套政策。国家对边境民族自治县在校园安全、薄弱校改造、教师周转房、标准化建设等项目安排上予以优先倾斜，并在项目资金上实行地方零配套政策，对校建项目资金给予全额补助。

（三）进一步将民族团结教育常态化机制落到实处

一是将民族团结教育纳入国民教育全过程，形成学校教育、社会教育、家庭教育的合力。将民族团结教育贯穿于课堂教学、社会实践、校园文化建设等环节和过程，教育活动安排有温度、有力度、有效度，在增强实效性上下功夫。

二是进一步落实《国务院关于加快发展民族教育的决定》对民族团结教育的内容、课程体系、教学模式方法、教材及教学资源开发、督导监察等方面所提出的要求，做好各级各类学校民族团结教育的课程设置。

（四）进一步加强民族地区教师队伍建设

一是健全教师队伍长效化建设机制，形成职前培养到职后培训一体化的教师教育制度。在职前培养环节，一方面扩大免费师范生招生范围，采用定向培养的方式，吸引优秀高中毕业生报考免费师范院校；继续按照“按需择优选招”原则，面向专科以上毕业生选招高素质专业化的青年优秀教师，充实教师队伍。另一方面充分发挥当地师范高校的作用，当地培养、服务当地。建立少数民族地区双语教师培养机制，高校与中小学相配合，通过订单培养的方式专门开设少数民族语言专业及师范培养课程。在职后培养环节，除针对教师政治素养、教学技能、学历提升等开展培训外，还要做好教师职业发展生涯的全过程设计，以加速教育的专业成长，激发教师的内在动力。同时，深化师资交流机制，探索教师竞聘和转岗等机制，促进教育资源城乡交流、校际交流，优化教师队伍结构。

二是妥善解决教师编制问题，通过编办、人事部门、教育部门的通力合作，重点解决教师编制不足问题，使特岗教师服务期满后能够顺利转为正式编制。适当放宽农村小学编制数额限制，合理确定农村中小学教职工核定标准，城市中小学教职工按照师生比核定，农村学校按班师比进行核定，乡村幼儿园单独核定教职工编制，不再纳入小学教职工编制数。国家、自治区尽快出台公办幼儿园教职工编制标准，为各地加快幼儿园教师补充、配备工作，多渠道补充公办幼儿园教职工提供政策支撑和保障。

三是尽快解决教师职称高职低聘的问题。教育行政部门加强与组织部门、人事部门的沟通，合理确定高级职称的比例，对农村教师和边境地区、牧区、高寒高海拔地区教师高级职称的比例适当增加。同时，科学制定高级职称评定的标准，在保证高水平的同时，综合考虑农村教师由于学校规模小所带来的课时偏少以及科研要求相对较低等实际问题，使教师职称评定标准更加科学。对于高职低聘的教师，教育部门要加快协调，并与学校共同做好教师的待遇补偿、思想疏通等工作，保障教师的情绪稳定，将矛盾缩小在最小的范围内。

（五）全面加快推进教育信息化建设

进一步改善硬件配备水平，强化教育信息基础设施，加快推进“三通两平台”建设。同时，从软件层面，全面加快教育信息化建设。一是制订教育信息化资源建设方案，开发、引进、编译双语教学、教师培训和民族文化等数字资源，并积极推广应用。二是加大教育信息化专题培训，提升教师运用现代化设备的技能，提高行政管理者、校长教育信息化管理、建设能力。

（六）切实加强民族教育科学研究

一是建立完善支持民族教育科研工作的机制，尽快建立完善民族教育科研机构，配备专职研究人员，设置民族教育科研专项经费和课题，加强区域民族教育理论、政策和实践问题的研究，不断提升民族教育探寻规律、服务决策、创新理论、指导实践的能力和水平。

二是加大民族教育科研统筹力度，加强对区域内民族教育科研工作的指导。整合本省区高校、科研机构的资源，形成合力，推动跨专业、跨地区研究平台的建设，实现协同创新。

（七）完善督导制度和监督问责机制

进一步健全区级评估与盟级评估的衔接，综合评估与专项评估的贯通，过程性评估与终结性评估的结合，形成上下联动，横向贯通的立体督导评估体系。加强对民族特困地区县域教育事业发展情况的督查，推动教育事业不断发展。

第五章　宁夏回族自治区集中连片特困县教育发展研究

2015 年 6 月，课题组赴宁夏回族自治区就集中连片特困县教育事业发展情况开展调研。课题组先与自治区教育厅召开座谈会，了解全区教育发展整体情况，随后赴同心县、海原县、泾源县等地进行实地调研。通过实地走访、召开座谈会、随机访谈等形式，共考察了 11 所学校，召开了 4 场座谈会，接触了百余名一线师生，对自治区特别是 7 个连片特困县的教育发展情况进行了较全面的了解。

一、经济社会及教育事业发展情况

（一）经济社会发展情况

宁夏回族自治区下辖银川市、石嘴山市、吴忠市、固原市、中卫市 5 个地级市，22 个县（市、区），辖区总面积 6.64 万平方公里。位于南部黄土丘陵区的同心县、原州区、西吉县、隆德县、泾源县、彭阳县和海原县气候恶劣，常年干旱，且多发各种自然灾害。2012 年这 7 个国家级贫困县被纳入六盘山区集中连片特困地区范围，土地面积 4.3 万平方公里，占全区的 65%。

第六次人口普查显示，宁夏常住人口为 630.14 万人。汉族人口为 406.94 万人，占 64.58%；少数民族人口为 223.19 万人，占 35.42%。其中回族人口为 219.1 万人，占 34.77%。城镇人口 301.83 万人，占 47.90%；农村人口 328.3 万人，占 52.10%。其中 7 个特困县人口

256.3万人，占全区总人口的41%；回族人口133万人，占全区回族人口的59.1%，是全国最大的回族聚居区。目前七县仍有近100万贫困人口。

表1　七个特困县占全区土地面积和人口比例情况

	土地面积（万平方公里）	总人口（万人）	回族人口（万人）
全区	6.6	630.1	219.1
七个特困县	4.3	256.3	133.0
占全区比例	65.0%	41.0%	59.1%

2014年自治区实现生产总值2750亿元，比2013年增长8%。公共财政预算收入339.8亿元，比2013年增长10.2%，全区公共财政预算支出完成1000.4亿元，增长7.4%。其中教育经费总支出162.9亿元，增长5.84%。其中，七个特困县人均GDP仅为全区平均水平的29%，农民人均纯收入为全区平均水平的72%。近年来，通过经济转型和改善民生，经济社会发展水平不断提高。

1. 经济实力不断提升

2014年宁夏回族自治区生产总值由2327亿元提高到2750亿元，比2013年增长10.2%，是2007年的2.5倍，比全国平均水平高0.6个百分点。其中一、二、三产业分别增长5.6%、9.2%和6.9%。城镇居民人均可支配收入由2007年的10859元提高到23285元，农民人均纯收入由3181元提高到8410元，分别增长8.4%和10.7%。人民币存贷款余额分别达4209亿元和4578亿元。城镇登记失业率为4.02%。居民消费价格上涨1.9%。人口自然增长率控制在9‰以内。

2. 发展方式持续转变

万元生产总值能耗下降4.2%，六大高耗能产业占比下降1个百分点，轻工业生产和效益“双增长”，占比提高1.5个百分点。粮食产量377.9万吨，再创历史新高；特色农业增势良好，占农业总产值的比重达85.7%。金融、旅游、电子商务均保持15%以上的增速。进出口总额增长69%，居全国前列。取消和调整自治区级行政审批事项422项，降幅39.2%，压缩投资领域审批时限50%，清理减少行政事业性收费3.6亿元。

开工建设市民休闲森林公园 25 个，完成移民迁出区生态修复 72.7 万亩，治理水土流失 1000 平方公里，森林覆盖率提高到 13.8%。

3. 大力实施民生工程

连续实施民生计划，坚持每年为民办 30 件实事。实施 35 万人生态移民工程，涉及原州、西吉、同心等 9 个县（区）91 个乡镇 684 个行政村 1655 个自然村。启动百万贫困人口扶贫攻坚战略，搬迁安置 28.2 万人。实施塞上农民新居和危窑危房改造工程，建设新村 193 个，整治旧村 1501 个，改造危窑危房 20.6 万户，100 万群众喜迁新居。提前 10 年实现新农保制度全覆盖。率先在全国以地方立法推进全民创业，创造新岗位 19 万个，城镇登记失业率控制在 4.02%以内。

4. 社会事业全面发展

“两基”攻坚通过国家验收，在西部首先基本普及高中阶段教育；建成了西部规模最大的职教园区和实验实训基地，中职招生增速全国第一。建设国家和自治区级重点实验室 17 个、工程技术研究中心 32 个，实施重大科技专项 11 个。建成贺兰山体育场、宁夏大剧院等文体工程 30 个，基本实现了文化信息资源全覆盖、直播卫星户户通、公共文化场所全免费。

（二）教育事业发展取得的成绩

宁夏回族自治区加快实施科教兴区和教育强区战略，坚持民族教育“优先发展、重点扶持”的方针，加大“两基”攻坚力度，建立健全义务教育经费保障机制和家庭经济困难学生资助政策体系。各级各类教育健康发展，教育规模持续扩大，教育质量不断提高。学前教育全面推进，义务教育巩固发展，高中教育逐步普及，现代职业教育初具规模，高等教育规模不断扩大，办学实力明显增强。

第六次人口普查数据显示，全区具有大学（大专以上）文化程度的人口为 576702 人；具有高中（含中专）文化程度的人口为 784596 人；具有初中文化程度的人口为 2120623 人；具有小学文化程度的人口为 1879440 人；现有各级各类学校 3086 所，在校生 146 万人，教职工 9.3 万名，专任教师 8.1 万名。各级各类教育基本情况见表 2。

表 2　宁夏回族自治区 2014 年教育基本情况一览表

（单位：所/人）

教育类别	学校	在校生	少数民族在校生	教职员工	专任教师
幼儿园	710	180871	67986	12834	7746
小　学	1763	588694	283624	32157	33357
教学点	262	588694	283624	32157	33357
初　中	235	278382	114849	33309	19080
高　中	61	163513	51660	33309	10274
中等职校	33	81966	24445	3203	2477
高　校	18	115562	37205	11261	7759
特教学校	10	3058	1014	273	260
合　计	3093	1441866	586924	93156	81025

（数据来源：宁夏教育事业统计快报 2014—2015 学年初）

1. 少数民族受教育水平逐步提升

目前全区各级各类学校中少数民族在校生达到 58.7 万余人，占全区在校生总数的 40.7%。2002 年至今，普通教育少数民族在校生增加了 17.4 万人，年均增长率为 4%，超过全区普通教育在校生年均增长率 2.2 个百分点。与 2002 年相比，到 2014 年全区普通高等教育少数民族在校生增加了 31120 人，在校生比例达到 32.19%，提高了 6.93 个百分点；中等职业教育少数民族在校生增加了 18217 人，比例提高到 29.82%，提高了 5.61 个百分点；普通中学少数民族在校生增加了 75406 人，比例提高到 37.69%，提高了 12.28 个百分点；小学少数民族在校生增加了 19535 人，比例提高到 48.18%，提高了 8.39 个百分点；幼儿园少数民族在园幼儿增加了 42200 人，比例提高到 37.59%，提高了 12.8 个百分点。全区各级各类少数民族在校生比例超过了全区少数民族人口自然比例 4 个百分点（详见下页图）。

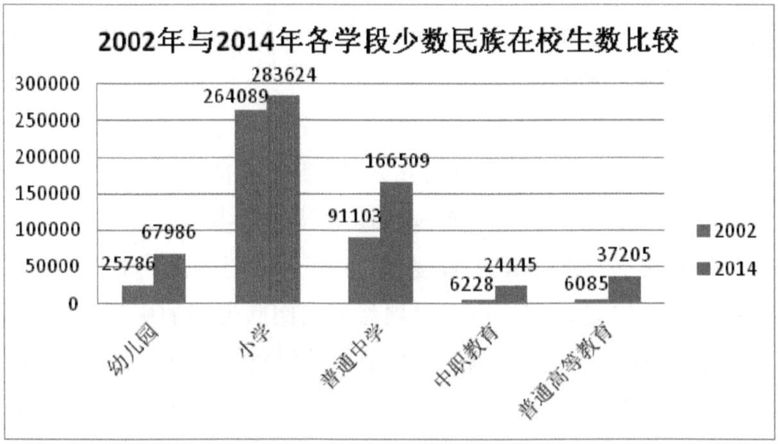

2. 民族团结教育不断加强

作为全国最大的回族聚居地，宁夏民族和谐、社会稳定。宁夏将民族团结教育纳入中小学课程计划和考试内容，组织开展“10 项民族团结教育实践活动”和创建“民族团结进步模范校”活动，对各级各类学校师生进行“认同伟大祖国、认同中华民族、认同中华文化、认同中国共产党、认同中国特色社会主义”和“汉族离不开少数民族、少数民族离不开汉族、各少数民族之间也互相离不开”的教育，不断促进教育系统的民族团结和谐稳定。

3. 义务教育巩固发展

一是实施“百所回民中小学标准化建设工程”。自 2001 年以来，自治区投入资金 1.3 亿多元，已建设“百标工程”项目学校 170 所，在全区建设了一批优质民族中小学。大量图书和教育教学仪器设备充实民族中小学，为教育发展奠定了良好基础。二是实施义务教育均衡发展行动计划。2008 年全区全面实现普及九年义务教育，启动实施义务教育均衡发展计划，通过进一步推进素质教育、巩固提高“普九”成果、提高农村办学水平、加强城市薄弱学校建设、优化资源配置、深化评价制度改革、关注留守儿童、解决进城务工人员子女入学问题八项措施，着力提高义务教育质量，缩小山川、城乡和学校之间的差距。三是义务教育巩固率不断提高。2014 年学前教育毛入园率达到 66.99%，比 2013 年增加了 6.6 个百分点。小学六年巩固率 80.89%，初中三年巩固率 89.75%，预计 2020 年小学五年巩固率和初中三年巩固率均达到95%以上。15 岁以上人口人均受教育年限达到 8 年，成人文盲率由 2002 年的 17.59%下降到 8.61%。

4. 教育投入大幅增加

一是着力改善教育基础设施。2014 年全区公共财政预算教育经费比 2013 年增长 12.5%。新建改造幼儿园 45 所，改造 281 所农村中小学供暖设施和 146 个操场，启动宁夏现代职业技能公共实训中心、宁夏大学中卫校区等建设，学生资助工程受益 25 万人，营养改善计划惠及 31 万农村中小学生。二是教育重点工程项目面向回族聚居的中南部山区倾斜。2013 年自治区教育重点工程项目 16 个，总投资 147657 万元，其中，向回族聚居 9 县区投入 75276.6 万元，占 51%。校安工程全区总投入 42.5 亿元，回族聚居 9 县投入 19.06 亿元，占总投入 44.8%。全区教学点数字资源中心建设 12 个县（区）283 个点，其中回族聚居 6 县（区）建设 210 个点，投入资金 252 万元，占教学点和资金总数的 74.2%。中小学暖气改造工程，民族中小学数及面积均达到改造总数的一半。三是实施学前教育三年建设计划。自治区财政为每个县（市、区）新建 2—3 所公办幼儿园，为每个乡镇新建和改扩建 1 所幼儿园。三年为回族聚居 9 县（区）新建、改建和增设幼儿园 199 所，建筑面积 286753 平方米，投资 3.2 亿元，建设总数、建筑面积和资金分别占全区幼儿园投入的 52.0%、46.0%和 49.4%。

5. 创新教育扶贫模式

采取“扶贫先扶智、扶智靠教育”和“跳出贫困地区发展贫困地区教育”的策略，实施“教育移民计划”和“技能致富计划”，让民族贫困地区的孩子到川区和发达地区接受优质教育和良好的职业教育。一是实施中南部地区教育移民计划。全区有近 3 万名学生自原居住地移出，投资 1.38 亿元为移民孩子建起了 48 所新的学校，配置了合格的教师，加强教育管理，提高了移民子女的教育水平和巩固率。二是大力发展职业教育。把初中毕业无法升入高中、高中毕业无法升入大学的学生全部进行职业教育，目前全区中等职业学校少数民族在校生人数是 2005 年的 3 倍。三是加大少数民族高层次人才培养力度。通过落实对少数民族考生降分录取和加分录取的政策，少数民族高考录取率由 10 年前的 18%增长到 34.6%。积极组织实施国家定向培养少数民族高层次骨干人才计划，累计培养少数民族预科生 1.5 万人，培养定向少数民族硕博士研究生 726 人，大批毕业生已经回到宁夏就业。

6. 加强少数民族教师队伍建设

一是补充教师优先安排到民族贫困地区。从 2006 年起，全区招聘 16700 名特岗教师，53%补充到少数民族聚居地区农村学校。鼓励少数民族从事教育事业，中小学少数民族教师比例从 2002 年的 24.2%提高到 2012 年的 26.43%。二是加大教师培养培训力度。建立以提高教育质量为导向的管理制度和工作机制，实施“国培计划”、骨干教师和学科带头人工程、“1135 名师培养计划”、民族中小学校教师“跟岗实践”培训计划、对口支教、城镇教师支援农村学校等建设工程，开展以网络为平台的网络教育和校本研训，促进教师队伍特别是农村学校的师资水平和教育质量不断提高。三是建立乡村中小学教师退出机制。通过乡村教师退出机制，优化教师队伍结构，全区小学和初中教师学历合格率达到 99%，普通高中教师学历合格率提高到 96.81%。根据《教育部财政部关于落实 2013 年中央 1 号文件要求对在连片特困地区工作的乡村教师给予生活补助的通知》，对山区农村教师落实补助按月人均为 200 元。

7. 实施“教育惠民计划”

一是建立和完善从学前教育到高等教育的家庭经济困难学生资助体系。2014 年，全区普通高等院校、中等职业学校和普通高中少数民族受助学生及学前一年学生 5.5 万人，占全区受助学生的 35%，高于全区受助学生 30%的比例。自治区在少数民族聚居的中南部山区 9 个市（县）还进行了学前一年教育资助制度试点，对家庭经济困难儿童、孤儿和残疾儿童等资助每人每年 1000 元。实施“营养改善计划”，全区有 26 万农村中小学生受益，少数民族在校生占其中的 53%。二是举办区内异地班校。在银川创办了宁夏六盘山高级中学和宁夏育才中学，面向中南部山区以及移民地区择优招收初中毕业生，免收学费、住宿费，并为每位农村户口学生提供每年 1500 元的生活补助。两所学校高考二本以上录取率分别达到 70%和 66.2%，远远超过全区高考平均录取率。目前两校在校学生达 14000 人，已累计培养毕业生 22300 多名。自治区还在银川一中、吴忠中学、固原一中三所名校举办民族高中班，利用优质教育资源重点培养少数民族人才，20 多年来已培养 5500 多名。三是实施与东部地区合作办学，鼓励少数民族学生到东部发达地区学习就业。在山东、福建设立职业教育工作站，与东部教育部门和职业院校加强联系，开办清真食堂，解决回族学生就餐生活等问题，先后有8.3万人到东部地区进行职业技能学习培训。

二、教育事业发展存在的困难和问题

虽然宁夏教育发展取得了显著成绩，但仍存在一些不容忽视的问题，特别是六盘山集中连片特困地区所涵盖的7个国家级贫困县，教育发展仍面临着诸多困难和问题。

1. 特殊的自然条件制约教育发展

六盘山集中连片特困地区涵盖的7个特困县位于宁夏中南部山区，处于我国半干旱黄土高原向干旱风沙区过渡的农牧交错地带，生态脆弱，干旱少雨，土地瘠薄，资源贫乏，自然灾害频繁，水土流失严重，水资源极度匮乏，经济欠发达，以“苦瘠甲于天下”而闻名全国，1972年被联合国粮食开发署确定为最不适宜人类生存的地区之一。这一地区社会生产力不高，经济发展相对滞后，产业发展相对单一，教育投入相对不足，教育理念和教育可持续发展条件较为落后，导致教育为当地经济社会发展提供智力支持、提高人口整体素质的能力不强，社会经济发展与当地教育事业发展相互影响相互制约。

2. 学前教育发展艰难

财政投入严重不足，学前教育缺乏经费保障，发展速度缓慢。自治区实行以县为主，县、乡（镇、街道）共管，教育行政归口管理的体制和政府主导、社会参与、公办和民办并举的办园体制。但在实践中，这一体制对于民族贫困地区来说有很大障碍，因为中南部贫困县（区）地方财力薄弱，对学前教育经费投入严重不足，幼儿园只能实行低收费，没有政府补贴，社会力量开办幼儿园无利可图甚至会亏损经营。个别农村幼儿园中，公建民办的模式因为收费低而无人愿意经营，已建成幼儿园由于缺乏运营经费支持无法启动。幼儿园教师没有纳入政府编制管理范围，聘用的教师普遍工资待遇低，一般在1000元到1500元之间，有的还没有达到自治区最低工资标准，几乎没有“三险一金”或“五险一金”。

3. 义务教育发展不均衡

一是实现义务教育均衡发展目标资金缺口大。据初步测算，全区全面完成义务教育均衡发展目标需要资金数十亿元。二是民族地区薄弱学校改造任务艰巨。全区薄弱学校中少数民族中小学所占比重较大，三分之二的少数民族都集中在宁南山区和偏远乡村，生活环境和条件都很差。这些地方的民族中小学校大多规模都较小，办学条件和师资水平都较差，加上管理监督难度大，教育教学质量相对较低。三是山区与川区县域之间的义务教育差距较大。全区7个六盘山集中连片特困地区同时也是回族比例高的县（区），由于自然环境恶劣，加上经济社会发展滞后，生活条件差，优秀校长和教师流失严重。尤其是偏远乡村，教师难以派下去。音乐、美术、英语等教师短缺，虽然在实施特岗教师计划时专门拿出计划为南部山区和中部干旱带招收音体美等学科教师，但仍然供不应求。

4. 普通高中发展滞后

一是普通高中经费紧缺。目前普通高中每生每学年学费400元，示范高中每生每学年800元，在取消择校费后，经费不能满足学校正常运行，负债问题已经严重困扰了普通高中进一步发展和办学水平的提高。二是乡镇高中学生流动性大。四分之一左右的乡镇初中毕业生选择进入县城读高中，同时随着生态移民工程的展开，移民学生日益增多，水平参差不齐，影响正常教学计划。三是教师队伍不稳定，教师总量不足。2014年全区普通高中专任教师10274人，部分学科教师结构不合理、骨干教师流失严重、短期教师补充机制无法稳定师资队伍现象普遍存在。

5. 职业教育发展能力不足

一是职业教育资金投入不足，实训条件差。特别是在招生规模快速增长的形势下，学生数量急剧增加，学校硬件设施短缺的矛盾日益显著。二是师资队伍数量不足，结构不尽合理。高水平的专业教师特别是“双师型”教师严重匮乏。2013年，全区中等职业学校专任教师2552人，其中正高级职称16人，副高级职称610人，占专任教师的24.50%；中级职称870人，占专任教师的34.90%。有博士研究生2人，硕士研究生252人，占专任教师的9.95%。实习指导教师82人，占专任教师的3.21%。三是办学模式体制机制不完善、不畅通。职业院校与企业校企合作、工学结合、顶岗实习、集团化办学等方面的合作还存在渠道窄、不紧密、缺乏深度等方面问题，行业、企业参与办学的热情不高。四是职业教育吸引力不足。少数民族群众因为对职业教育认可度还较低，全区职业教育院校少数民族在校生比例较低，中等职业教育少数民族在校生比例仅为22.95%，高等职业教育少数民族在校生比例为26.69%，低于少数民族人口自然比例。

6. 高等教育发展动力不足

一是高校人才培养的数量和层次不适应发展需求。目前全区高等教育毛入学率为28.09%，低于全国水平。高校培养人才层次比例不协调。研究生与本科生的比例全国是1∶8.3，而宁夏的这一比例为1∶13.4，二本以上在校生人数与三本在校生的比例全国是1∶0.31，宁夏是1∶0.82。高校专业布局结构不合理。开设专业以传统、大众化专业居多，新兴、交叉等应用型专业不足。汉语言文学、英语、应用化学、电气技术及其自动化、计算机科学与技术、土木工程等热门专业和低成本专业重复设置。二是高校队伍建设难度大，师资整体水平不高。近年来，公办高校教师数量增加较快，层次逐步提高，平均每年引进和培养的博士都超过80人。但新增人员以硕士研究生为主，在引进有海外或国内其他大学工作经历、高水平的领军人才和学科带头人上鲜有成效。另一方面，作为全区高等教育半壁江山的民办本科院校，2012年的师生比为1∶18.41，仅接近国家规定的合格标准，教师数量严重短缺，教学水平参差不齐、且流动性大。三是高校科技创新水平不高，社会服务能力亟待加强。作为高校科技创新的主要力量，宁夏大学近两年累计实现科研经费总量合计1.88亿元。但在所有项目中，国家级项目经费达到了1.56亿元，其中又以国家自然科学基金、社会科学基金项目、973计划前期研究等项目居多，直接服务于经济社会发展的重大科技支撑计划项目数量有限，面向企业发展需求、解决实际问题的横向课题，承担的能力更有限。宁夏高等学校建设了一些重点实验室、工程技术中心等科技创新平台，但这些机构的科研成果产出有限，在服务自治区支柱产业发展方面支撑作用不强。与有关地市、县区的合作，也大多局限于人才培养、人员培训、咨询服务等方面，作用发挥很有限。

7. 少数民族教育观念落后，毕业生就业困难

宁夏有相当多的少数民族人口集中在中南部山区和农村，家庭平均有3.6个子女，人口负担重，生活较贫困。虽然国家和自治区逐步建立健全家庭经济困难学生资助体系，中等职业教育实行学费全免政策，但对于多子女家庭来说，因为家庭经济负担重，许多少数民族学生在接受义务教育后往往选择出外打工补贴家用，影响到中等教育和高等教育少数民族人才

的培养数量。近几年毕业生数据显示，全区高校汉族毕业生就业情况和全国保持一致，而少数民族毕业生一次性签约率远低于汉族学生，并且呈逐年下降趋势。少数民族毕业生在接受教育方面，虽然获得了国家认可的文凭。但由于文化、观念、生活习惯、宗教信仰、家庭情况等诸多因素影响，少数民族学生普遍具有毕业后回家庭所在地就业的打算与倾向，就业选择地域相对集中，择业空间狭小，加剧了全区少数民族大学生就业工作的难度。

三、对策建议

1. 加快实施扶贫计划，提升民族教育水平

一是加快实施六盘山区连片特困地区扶贫攻坚计划，宁夏教育发展与脱贫密不可分，加大对宁夏南部山区和中部干旱带各县（区）教育的支持，通过提高民族贫困地区各民族的受教育水平，从根本上解决贫困问题，实现这些地区人民群众的脱贫致富。二是把发展民族教育作为提升连片特困地区教育水平的重要举措。连片特困地区教育核心是少数民族教育，须进一步深刻认识民族教育在促进连片特困地区经济社会发展中的重大战略意义。优先发展民族教育，大力提高少数民族人口素质，实施民族教育学校质量提升工程，实施民族教育内涵发展战略，全面提高民族教育质量和办学水平，缩小民族教育发展差距。

2. 加大资金投入，确保教育优先发展

一是进一步落实教育优先发展的战略地位，加大对各级各类教育的投入，加快民族中小学标准化建设，加快职业教育基础设施建设，支持高等教育特色专业发展。实施好“教育民生计划”，统筹各类教育项目资金，进一步提高民族教育保障水平。幼儿园建设项目、义务教育薄弱学校改造计划、农村初中校舍改造工程、体育运动场改造项目、校舍供暖设施改造项目、营养改善计划、学生资助等继续向民族地区倾斜。二是切实加大中央财政对连片贫困地区教育转移支付，建立相关教育发展项目和工程，特别要加强对学前教育和职业教育的项目支持，使连片贫困地区的教育投入有较大幅度的提高，建立持续提高连片贫困地区教育投入的机制，帮助连片贫困地区改善教育投入，壮大教育发展实力。

3. 加大政策扶持力度，加快发展学前教育

一是科学布局，合理规划，大力发展公办幼儿园，坚持普惠性和公益性，努力构建“广覆盖、保基本、多形式”的学前教育公共服务体系。二是落实《关于进一步加快同心等县（区）学前教育发展的实施方案》，坚持“就近入园，大村（区）独办，小村（区）联办”原则。新建、改建和扩建一批农村幼儿园，充分利用中小学布局调整后空余的校舍和部分富余的小学教师等教育资源，举办农村学前教育。三是鼓励社会力量以多种形式办幼儿园。各级政府可以采取政府购买服务、减免租金、以奖代补、派驻公办教师等多种形式予以扶持。

4. 提高教育质量，均衡义务教育发展

一是坚持普及与提高相结合，提高义务教育阶段少数民族在校生的小学六年巩固率和初中三年巩固率，大幅提高少数民族教育普及水平，让少数民族适龄少年儿童都能进得来、留得住、学得好，争取2020年少数民族人口受教育水平基本达到自治区的平均值。二是加快推进义务教育均衡发展和基础教育内涵发展，提高民族教育质量。实施优质教育学校“扩面提升”工程，采取“优质学校+分校”“优质学校+弱校”的方式，加快少数民族薄弱学校标准化建设，重点建设一批高质量的民族中小学校。提高规模较小的民族小学和教学点的公用经费标准，制定计划加强乡村小规模民族中小学校的建设，提高其教育质量。高度重视移民学校教育质量，缩小移民地区教育和当地教育的差距。

5. 全面提高认识，巩固普通高中教育

一是落实自治区、地市、区县政府对于高中教育发展在组织领导、统筹规划、协调保障、工作推进和督促检查等方面的责任。明确各职能部门的职责，将高中教育发展和优质高中建设列入各级党委政府年度考核重要内容。防止强调学前教育、义务教育和职业教育时，出现轻视或忽视普通高中教育的现象。二是加大对办学条件的改善和基础能力建设的投入，确保以专项投入支持高中教育发展特别是优质高中建设，巩固完善普通高中学校办学条件。有计划地妥善解决高中学校负债问题，鼓励学校在法律法规和政策范围内不断增强自身的筹资和融资能力，鼓励多元化筹资办学，政府提供相应政策保障。三是牢固树立质量意识，着力抓好教育教学质量，实施有针对性的初高中衔接计划。

6. 提高人才培养能力，推进职业教育发展

一是加大支持力度，建设高质量的职业院校实验实训基地。进一步完善职业教育东西部合作办学的政策和机制。深入推进职业教育改革，政府支持学校制定并实施与产业发展对接的教育教学同步培养计划，将职业资格标准和行业技术纳入课程体系。支持宁夏与东中部大型企业合作，开展校企合作、顶岗实习、工学结合，鼓励企业接收学生实习、实训、学徒，强化职业院校学生实践能力的培养。二是增强就业能力。增强毕业生的创新意识和创业意识，加强对少数民族学生的就业指导，鼓励毕业生多渠道就业，鼓励企业积极接受少数民族学生并为他们提供清真餐饮服务。自治区和地方政府采取加强宣传、提高家庭经济困难学生资助水平、强化中高职衔接、改革招生考试制度等多项措施，帮助更多的少数民族学生到职业院校学习技能。

7. 创新体制机制，推进高校特色发展

一是推进高等院校走错位发展和特色发展之路。从高尖人才、重点科研项目、资金投入等方面支持宁夏高等教育向应用型人才培养方面转变，建设一批高质量的协同创新中心和重点学科，提高宁夏高等教育服务地方经济社会发展的能力。二是继续落实好少数民族高考优惠政策，实施好少数民族高层次人才计划，培养更多的少数民族本科生和硕士博士研究生，为地方经济社会服务。

8. 采取多种措施，加强教师队伍建设

一是加大对民族地区的师资培养力度，创新培训和培养模式，在“国培计划”等教师培训项目上进一步向特困地区倾斜，特别是要加强对中小学美术、音乐等紧缺学科教师的培养培训。二是加强职业教育师资队伍建设，落实教师编制动态管理制度。深入实施东西部地区教师对口支援工程，进一步推进城镇教师支援农村教育和川区支援山区教育，加大东部地区教师对少数民族地区的支教工作力度，同时每年选派连片贫困地区院校校长和教师到中东部院校挂职学习。三是提高乡村教师的生活补助标准和待遇，建设好教师周转宿舍，激发教师在贫困地区长期工作的积极性。建立激励机制，鼓励优秀教师到农村中小学校任教，促进贫困地区教育的发展。

9. 促进公平，制定少数民族就业优惠措施

一是落实现有少数民族毕业生就业优惠政策，从促进各民族共同繁荣、和谐发展的战略考虑，研究制定鼓励西部少数民族到东部发达地区和企业就业的优惠政策措施，创造便利条件，支持少数民族毕业生到东部地区就业。二是建立少数民族就业培训基地，加强少数民族毕业生就业创业指导服务，完善公共就业人才服务信息化建设，搞好职业技能培训和创业培训。鼓励自主创业，建立少数民族毕业生就业创业专项资金，增加创业贷款额度，促进市场就业。三是指导其他省市制定吸纳少数民族毕业生就业创业的优惠政策，鼓励企业为他们提供更多工作岗位，拓宽就业渠道，促进各民族的融合交流。四是改变贫困落后的教育观念，对家长进行“扶贫先扶智”的教育宣传，消除贫困地区群众教育方面存在的错误思想认识，做到解放思想、更新观念，打破禁锢。

10. 坚持依法治教，进一步加大《宁夏回族自治区民族教育条例》的实施力度

一是全面贯彻落实党的十八大、十九大关于全面推进依法治国的要求，加大《宁夏回族自治区民族教育条例》的实施力度，在实施中不断推进条例的修改完善，全面加强依法治教、依法治校工作。二是建立完善依法治教的工作机制。进一步明确依法治教工作的责任主体、监督主体及其权利义务，依法规范教育行政部门的教育行政行为和各级各类学校的办学行为，严格规范招生入学、学校管理等教育热点难点问题，依法推进教育改革与发展中特殊困难和突出问题的解决。三是根据国家法律和政策规定，加快推进现代学校制度建设，制定和完善学校章程，加强章程实施的监督，逐步形成学校在政府宏观管理下、面向社会依法按章程自主办学的良性运行机制。

第六章　四川省阿坝州理县教育发展研究

2016年12月，课题组赴四川省阿坝州理县开展了理县教育发展情况调研工作。课题组深入了解理县教育改革发展中存在的问题和困难，重点听取了阿坝州教育局、理县教育局以及理县相关部门关于理县教育发展情况的介绍，实地走访了通化九年一贯制学校、薛城中学、营盘街小学、杂谷脑小学、县机关幼儿园等学校（幼儿园），还深入理县中学听课，召集理县教育局班子、股室长、各中小学（幼儿园）校（园）长、部分教师进行了座谈。

一、经济社会及教育事业发展情况

（一）基本情况

理县位于青藏高原东部，四川省阿坝藏族羌族自治州东南缘，距离成都202公里，距离州府马尔康193公里，地貌类型为低中山—中山—高山—极高山，是典型的中高山峡谷区，海拔1422—5922米，是地质灾害多发区。全县辖区面积为4318平方公里，辖八乡五镇，总人口4.6万人，人口密度为每平方公里10.6人，属地域广阔，人口稀少，人口结构以藏族羌族为主体的少数民族聚居区，藏族人口占51.8%，羌族人口占33.2%，汉族人口占14.4%。理县有丰富的农业资源、生态资源、水能资源、矿产资源、旅游资源和文化资源。理县也属经济欠发达地区，地处民族地区、革命老区、贫困地区，拥有相当于我国东部一个地区的面积，却只有相当于东部一个乡镇的人口和财政收入，工业化水平不高，城市化水平偏低，村级集体经济相当薄弱，81 个村只有不到 12%的村有集体经济，高半山村落经济发展存在较大差距，是四川省集中连片贫困地区之一。

理县在阿坝州内与其他县相比，有较好的地理区域优势，交通便利，人口较少，自然资源丰富，尤其是具有藏、羌民族文化融合的独特优势。“十二五”期间，理县经济整体实力不断提升。五年来，全县地区生产总值由 13.12 亿元增长到 24.05 亿元，年均增长 11.4%。三个产业比重调整为 8.9：69.8：21.3。全部工业增加值达 14.40 亿元，年均增长 7.5%，规模以上工业增加值年均增长 6.1%；五年累计实现全社会固定资产投资 177.68 亿元，环比增长 32.3%；社会消费品零售总额达到 4.18 亿元，年均增长 19.5%；城乡居民人均可支配收入分别达到 28555 元和 11597 元，年均增长 10.5%、21.4%，收入比由 2011 年的 3.9：1 缩小到 2.5：1；财政一般预算收入年均增长 5.8%，突破亿元大关；游客接待量从 85 万人次增至 472 万人次，年均增长 40.9%，旅游总收入由 6.77 亿元增加到 32.3 亿元，年均增长 36.7%。城镇化率由 29.2%提高到 37.5%。在全省 2015 年县级经济综合评价总体排位中提升 19 位，位居全省 51 个少数民族县第 5 位，全州第 2 位。以生态经济为重点的产业体系的初步构建，已成为川西北生态经济示范区全力推进生态理县、幸福理县、法治理县建设的重要举措。

理县现有中小学校 15 所，其中有完全中学 1 所，初级中学 1 所，九年一贯制学校 1 所，小学 12 所。没有特殊学校和职业学校。除杂谷脑小学外，均为寄宿制学校。现有 15 所学校中，学生人数不到 100 人的有 7 所，不到 200 人的有 2 所，目前全县在校学生有 3774 人。7—12 周岁适龄儿童入学率达 100%，辍学率为 0；13—15 周岁阶段入学率达 114.78%，辍学率为 1.42%。全县有幼儿园 33 所，其中省级示范园 1 所，州级示范园 2 所，村级公办幼儿园 10 所，小学附属幼儿园 10 所，民办幼儿园 10 所。全县学前一年毛入园率达 105.5%，学前二年毛入园率达 107.44%，学前三年毛入园率达 107.59%。

全县现有教师 722 名，其中幼儿教师 111 名，小学专任教师 387 名，初中专任教师 179 名，高中专任教师 45 名。

（二）教育事业发展的主要做法及成效

理县整体教育水平在阿坝州居中。2012 年，理县在全州率先成功创建“一村一幼”示范县；2013 年，在全州率先实施十五年免费教育；2015 年，通过“义务教育发展基本均衡县”国家级评估验收；同年，率先在全州运行数字化校园平台；2016 年，被列为四川省教育资源公共服务平台规模化应用试点县。

理县积极探索教育发展新路子，通过优化布局、完善硬件设施、创新机制体制、狠抓软实力提升、加强信息化建设等举措，不断促进教育健康、均衡、优质发展。

1. 优化布局，积极改善办学条件

2008 年“5・12”地震前，理县有学校 19 所，其中高级完全中学 1 所，初级中学 3 所，小学 15 所，学校布点较多、规模小、办学效益差。“5・12”地震后，理县紧抓灾后重建机遇，本着“科学规划、适度超前、城乡一体、标准一致”的原则，把教育灾后恢复重建与统筹城乡发展结合起来，将地震中受损严重、生源较少、办学条件和办学质量相对较差的农村中小学适时进行了合并、调整。目前，理县有学校 15 所，其中高级完全中学 1 所、单设初中 1 所、九年制学校 1 所、单设小学 12 所。切实保证了适龄儿童、少年免试就近入学。通过灾后重建全县中小学校（园）硬件设施大幅提升，办学条件明显改善。县域内小学校际均衡状况综合差异系数为 0.44、初中校际均衡状况综合差异系数为 0.35，符合国家要求。

2. 建章立制，促进教育均衡发展

为切实推进和巩固教育均衡发展，理县先后制定了《理县教育发展振兴规划（2010—2020 年）》《理县义务教育均衡发展示范县创建实施方案》《十五年义务教育发展规划》等政策措施，建立教育经费保障机制，强化政府职责，加大财政投入，有力地保障了教育均衡发展。一是确保教育经费“三个增长”。“十二五”期间，政府对教育财政拨款的增长高于财政经常性收入的增长，生均预算内教育事业经费逐年增长，教师工资逐年增长。二是确保农村税费改革转移支付资金用于义务教育的比例达到省级规定要求。三是按规定足额征收教育附加，及时足额划拨教育，专款专用，使用合理。

3. 抓软实力提升，提高教育质量

大力实施教育软实力提升工程，紧紧围绕全县教育“强管理 提质量 树形象”的总体思路，全力推进巩固教育均衡发展。一是推进精细化管理工程，实现发展内涵新提升。加强管理制度和监督机制建设，着力规范师生行为；加强教育装备等校产管理，增强后勤服务教学的能力和水平；加强学校文化建设，大力开展民俗文化进校园活动，提升学校文化品位；加强与遂宁市教育交流合作，积极引进北京四中网络资源，开办高中网络实验班，提高办学效益。二是加强队伍建设，优化师资配置。建立并有效实施了县域内义务教育学校校长和教师定期交流制度、在职教职工全员聘用制、教师资格准入和公开招聘制度，采取公开招聘特岗教师，城镇教师到农村学校交流（支教），优秀教师到对口学校支教、名师送教下乡等形式，促进师资合理配置和有序流动，缩小县域学校之间在管理水平、师资配置上的差距。加大教师培训力度，实行教师全员轮训，参培率和合格率均达到100%。实施名师工程战略，完善教师梯队培养和激励机制，加强中青年骨干教师、名教师等后备力量储备工作。三是强化措施，全力提升教育质量。先后出台《理县中小学教育教学质量提升工程》《理县高中教育激励办法》等措施，提高教师教学积极性和课堂教学效益。严格执行国家课程标准开齐课程、开足课时，规范办学行为。推进幸福成长工程，提升学生综合素养。完善德育网络，积极营造有利于学生健康成长的环境。强化艺体工作，开展“阳光体育”运动，以“艺术节”“素质教育大赛”等为抓手，提高学生艺体素养，实现全面发展。严格执行招生考试制度，严格禁止设立重点学校和重点班，切实减轻学生课业负担。强化教育科研，打造高效课堂，提高教学质量。

4. 加强信息化建设，提升办学效益

全面推进中小学教育信息化建设，以教育信息化带动教育现代化。按照全省教育现代化建设标准，紧紧抓住灾后重建和对口援建契机，合理安排专项经费，优先发展全县中小学校的教育技术装备，不断推进现代教育技术装备均衡配置。加大资金投入，发展现代远程教育，充分利用优质资源和先进技术，创新运行机制和管理模式，整合现有资源，构建先进、高效、实用的数字化教育基础设施。一是加快终端设施普及，推进数字化校园建设，实现多种方式接入互联网。重点加强了农村学校信息基础建设，进一步缩小城乡数字化差距。二是加强网络教学资源库建设，实现优质教育资源开发与应用。建立了开放灵活的教育资源公共服务平台，促进优质教育资源普及共享。切实推进农村中小学远程教育，使农村和边远地区师生能够享受优质教育资源。

二、教育事业发展存在的困难和问题

（一）教育经费保障能力不足

理县县域广，人口密度小，生源分散，教学点多，教育运行成本较高。“5·12”汶川地震灾后重建时间紧、任务重，重建项目覆盖了所有学校。随着各校硬件特别是校舍使用年限增长，所需的维修维护费用日益增大。如2009年秋季全县各校各班统一安装了交互式电子白板，现已达到使用年限，需逐步更换或予以维修维护。由于县一级财政收入偏低，基础教育支出负担过重。2011年全县财政教育投入6882万元，占全年财政支出的11.56%；2012年为9813万元，占全年财政支出的16.60%；2013年为9344万元，占全年财政支出的12.79%；2014年为11145万元，占全年财政支出的14.00%；2015年为13243万元，占全年财政支出的14.34%。尽管财政教育投入不断增加，但70%以上用于教职工工资支付，因此用于教学设施改造维护的经费缺口较大，加之全县推行十五年免费教育，财政经费保障能力不足已成为制约发展的瓶颈。

（二）教师队伍建设存在诸多问题

一是编制紧缺问题。理县学前师资编制不足，全县学前教育师资编制仅有79名，缺编142名。义务教育阶段心理健康教育教师及教学辅助人员短缺，全县15所中小学无一校配备心理健康教育教师，仅理县中学配备了2名医务人员。全县15所中小学中有14所为寄宿制学校，寄宿制管理人员均由教师兼任，安全管理、教育引导压力大。二是职称结构问题。由于岗位职称限制，造成教师职称晋升困难，现有42名取得中高级职务任职资格的教师，因无岗位未聘任。在通化九年一贯制学校调研时教师反映，未来8年内学校没有一个高级职称岗位可以空出来，聘任高级职称将遥遥无期。三是绩效工资分配问题。理县教师30%的奖励性绩效工资总量在每年

12 月由县人力资源和社会保障局、财政局核定到教育局，教育局在奖励性绩效总量中提取校长、班主任津贴，同时在县城教师基础性绩效工资总量中提取 10%的农村学校教师补贴。根据四川省教育厅、阿坝州的规定，校长的奖励性绩效工资在人事、财政部门核定的绩效工资总量范围内，按县内平均奖励性绩效工资的 2 倍，由学校行政主管部门根据对校长的考核结果统筹考虑确定。一线教师对此分配政策意见较大，认为班主任、校长及乡村教师补贴不应从教师绩效工资中提取，而应进行单独增量安排。四是队伍稳定问题。由于工资待遇和发展前景预期偏低，全县的教师年度招聘计划常常用不满，而新招考的教师也很快流失，“招不来、留不住”的现象较严重。据理县教育局反映，2010 年以来从西华大学招了 5 名教师，现已全部流失。许多从教时间长、执教经验丰富的教师，又被聘至周边都江堰、成都等城区学校，优秀教师特别是高中理科教师较为短缺。五是教育观念问题。部分教师教育理念落后，教育教学方法单一，业务能力跟不上经济社会发展和教育改革的需求。一些教师还不同程度存在职业倦怠问题。

（三）高中教育质量提升遇到瓶颈

理县距成都及周边城市较近，交通便利。灾后重建促进了经济社会快速发展，群众经济收入、生活水平大幅提高。受近城经济的影响，高中本地生源流失，在校生逐年下降，每年招收不足 200 名新生。多年以来，由于高中教学尤其是理科教学质量长期在低水平徘徊，高中升学成为最大短板。据统计，2016 年在本县高中就读的毕业生中，没有 1 名上本科，仅 1 名艺体生上本科。为改变这种状况，提高高中教学质量，2016 年理县中学（理县唯一的普通高中，为完全中学）引进了北京四中网校优质教育资源和教学模式，招了两个网络实验班，受到了家长和社会的广泛欢迎。但从生源情况看，学生之间的差距较大，最低分为 450 分，最高分为 633 分（总分为 750 分），这给教师的教学带来难度。如何加强实验班教学，切实提高学生的学业成绩，是当前急需解决的问题。总体看，高中教育质量是制约理县教育发展的瓶颈，高中教育对全县教育的拉动十分乏力。

三、对策建议

（一）进一步增加教育投入

中央、省在教育“十三五”规划，特别是川甘青交界区域教育发展规划中，向理县倾斜，进一步加大对理县教育事业发展的支持力度。在国家和省的大力支持下，尽快在四川藏区明确“三包”经费具体标准，支持理县实施十五年免费教育。四川省、阿坝州、理县三级政府设立专项资金，支持理县设立民族教育发展先行实验区，加快推进实验区建设，加快理县教育现代化进程。

（二）全面加强教师队伍建设

一是增核教师编制。增加学前教育教师编制。设置心理健康教育教师岗位，配备专兼职教师。对生活管理、校园安全、校园医生等教学辅助人员，参照初任教师的工资和绩效标准拨付专项资金，通过政府购买服务方式解决缺编问题。根据脱产进修教师、大龄教师和女教师产假较多的实际情况，按10%的比例增核教师周转编制。二是将藏区县城教师纳入国家和省提升农村教师福利待遇范畴，整体提高连片贫困山区教师待遇。根据连片贫困山区的县城与乡镇条件差距较小，而与中心城市差距较大的实际情况，适当提升县城教师待遇，缩小县城学校和乡镇学校教师之间的收入及其他待遇的差距。三是改变教师绩效工资分配办法，班主任、校长及乡村教师补贴（包括副校长、教务主任等中层干部补贴）不再从教师绩效工资中提取，而进行单独增量，由中央和省承担，确保藏区教师工资水平不低于省会城市教师工资水平。四是建立激励机制。制订“教师任职满十年可享受上一级工资和医疗待遇”等政策。适当提高中高级职称在岗位设置中的比例，设置特设岗位，解决业绩突出教师的岗位聘任问题。制定鼓励教师献身教育终身从教奖励办法，使教师“招得来、留得住、用得好”。五是加强教师培训，切实提高培训的针对性和实效性。既要重视名师指导、专家“送教上门”，又要统筹县域资源抓好校本培训和校本教研。通过培训转变教师观念，全面提高教师业务能力和水平。

（三）突破高中教育质量瓶颈

高中教育质量是老百姓最关心的问题，与老百姓的利益息息相关。一是向管理要质量。通过建立现代学校制度，完善学校治理结构与运行机制，充分调动广大教职工与学校利益相关者（包括家长、社区成员、校友等）参与学校管理的积极性、创造性，不断提高学校管理的科学性与规范性。通过学校管理水平的提升，提高学校办学水平和教育质量。二是狠抓教师素质提升。要通过加强学校学科组、年级组建设，提高教师教研能力。要通过上公开课、示范课、观摩课等活动，提高教师的教学能力。要通过师徒结对，“送出去、请进来”，建立领导、教师听评课等制度，提高教师的教学水平。通过教师教学能力和水平的提升，提高高中教育质量。三是统筹四川省优质高中教育资源，推动理县高中优质特色发展。以团队帮扶的形式帮助理县中学发展，全力扩大优质高中教育资源覆盖面，让理县学生足不出县就能享受优质高中教育资源。

（四）关于建立民族教育发展先行实验区的思考

在调研中理县教育局提出“教育部将理县列为少数民族地区基础教育研究基地”的建议。经我们实地调研和沟通讨论，理县教育局提出建基地的主要目的是，以基地建设为抓手和平台，建立促进理县教育质量提升的长效机制，推进理县教育质量上台阶，提高理县教育的吸引力和优质教育资源覆盖面，促进理县教育快速健康发展。基地工作内容主要包括三个方面：一是加强教育热点难点问题研究，通过研究促进有关问题的解决和有关政策的出台。如针对教师队伍不稳定、部分教师教育观念陈旧、教学方式单一、有职业倦怠感，教育教学质量偏低等问题，研究探索有利于民族地区教师队伍稳定，调动教师工作积极性，激发教师潜能，提高教育教学水平的政策和激励机制。二是加强教育帮扶与合作交流。建立专家团队式帮扶长效机制，建立民族地区学校与省内外学校的支援合作平台。三是推进信息化深度应用，实现民族地区教育教学质量的加速提升。

根据理县教育局提出的“基地”构想，对照教育部民族教育发展中心的职责职能，可考虑在理县建立民族教育发展先行实验区。首先，它是服务国家战略的需要。从国家层面看，民族地区教育要赶超内地及发达地区教育发展水平，实现跨越式发展，必须采取超常规的政策措施。如何保证这些政策措施的科学性、适切性、前瞻性，建立实验区，先行先试就显得尤为重要。其次，理县具备建立实验区的基本条件。理县是民族聚居区，又是贫困地区、革命老区，处于藏羌文化走廊的核心地段，在人口的民族构成、文化教育的历史基础、社会经济的发展水平以及地理环境等方面，具有独特性和典型性。特别是通过“十二五”时期的发展，理县教育事业具有了很好的发展基础，处在较高的发展阶段。理县党委、政府高度重视教育，对建立实验区充满热情和期待。民族教育发展先行实验区在当地党委政府领导下，由教育部民族教育发展中心负责业务指导。具体工作内容初步考虑为：一是研究制订促进理县教育快速健康发展的政策措施，并积极实施好这些政策措施。二是组织全国民族教育专家委员会相关专家加强对理县学校管理、教育教学等方面的指导培训，提高理县学校管理水平和教育教学质量。三是在民族司、基础司指导下积极推动内地发达地区学校与理县学校“一对一”对口帮扶活动，实现“一对一”帮扶全覆盖，逐步把理县建成全国藏区教育示范区和民族地区教育发展先行区。

第七章　贵州省黔南州独山县教育发展研究

2017 年 11 月，课题组利用参加“贵州省独山县民办教育发展与教育扶贫机制创新研讨会”的契机，对贵州省黔南州独山县教育事业发展情况进行了调研。

一、经济社会及教育事业发展情况

独山县，隶属于贵州省黔南布依族苗族自治州，地处贵州最南端，与广西南丹县接壤，素有“贵州南大门”“西南门户”之称。是国家确定的集中连片特困县、甲级开放县、省政府确定的民族地区综合改革试验区、农业综合开发县和第三批国家新型城镇化综合试点地区。全县总面积 2442.2 平方公里，2017 年，全县有户籍人口 37.08 万人，其中少数民族占总人口的 69%，主要民族有布依族、苗族、水族、壮族等。2017 年，全县财政收入 9.46 亿元，公共财政支出 27.17 亿元，其中教育支出 4.94 亿元。2017 年末，城镇常住居民人均可支配收入 27914 元，农村常住居民人均可支配收入 9579 元。目前，全县有普通高中 2 所、职业高中 1 所、初级中学 5 所、小学 11 所、幼儿园 51 所、特殊教育学校 1 所，在校生 50843 人，教职工 3772 名。

近年来，在县委、县政府的坚强领导下，紧紧围绕建成贵州教育强县目标，大力实施“一强两基三名四化”四大工程，解放思想，先行先试，发力赶超，全县教育事业呈现出崭新的面貌，取得了长足的发展。

1. 建成全省首座县级大学城

近五年来，投入约 20 亿元建设全省首座县级大学城，一期工程顺利完成，二期工程有序推进，配套设施不断完善。2015 年，大学城被列入省 100 个城市综合体。2016 年，成功引进贵州航空职业学校、贵州独山少林华翰国际文武学校。2017 年，围绕花园式、开放性、现代化的标准，以及小而精、小而美、小而特的特点，对大学城重新规划设计，强力推进城南大道、一期提质改造、综合大楼、标志性大门、三塘安置区、湿地公园等项目建设。

2. 办学条件明显改善

近五年来，建成高级中学、兴农中学、一中、三中、一小、三小、二幼、三幼等一批标准化、现代化、信息化、园林化的学校。完成农村寄宿制学校建设攻坚工程项目 101 个，改善薄弱学校 53 所。初步实现了"小学分散、初中集中、高中聚集"的办学格局。使全县学校布局更加科学合理，教育资源更加均衡，城乡教育一体化步入了发展的"快车道"，呈现出良好的发展态势。

3. "三名"工程取得成效

近五年来，大力实施"名校""名师""名生"的"三名"工程，一幼、二小等一批示范性学校申报成功，三中实现全州中考成绩"三连冠"，成为全州知名品牌，高级中学成功晋级省级示范性高中，实现了独山人民几代人的教育梦想；培育了 30 余位教学"名师"，为名牌大学输送了一大批学子，独山县教育知名度和影响力逐步扩大。

4. 教育教学质量明显提高

2016 年学前三年毛入园率 91.93%，比 2011 年增加 21 个百分点，2016 年九年义务教育巩固率 96.16%，比 2011 年增长 4 个百分点，2016 年高中阶段毛入学率 90.37%，比 2011 年增加 42 个百分点。高考方面，2015 年本科上线 910 人，首次突破 800 人；2016 年 600 分以上人数 53 人，居全州第三，本科上线 1132 人；2017 年高考，二本以上 1328 人，上线率 57.63%，较 2015 年增长 13%，600 分以上 35 人，稳居全州县（市）榜首，有 5 名同学进入全省前 100 名，有 4 名同学分别考进清华、北大。中考方面，全县整体成绩连续三年排名全州第一，各项指标继续领跑黔南。

5. 学校布局调整有序推进

按照"小学分散、初中集中、高中聚集"的总体目标，通过撤并、改扩建、迁建等方式，对全县学校进行合理布局调整。到 2015 年，组建四个幼教集团，小学从213所调整为11所，初中学校从21所调整为5所，普通高中学校从3所调整为2所，迁建了独山县中等职业学校，扩建了独山县特殊教育学校。

6. 创新营养餐管理模式

成立阳光餐饮有限公司暨学生营养餐食品配送中心，建立种植示范基地3个；拨出331.6万元专款回收24所学校28个食堂，投入资金2793.5万元，新建和改造学校食堂设施设备；落实国家营养改善计划资金9335.8万元，惠及全县农村义务教育阶段学校学生14.81万人次，成功探索出独具特色的集约化营养改善计划。

7. 实施“集团化”办学

对于学前教育，把8镇的公、民办幼儿园分别纳入4个幼教集团统一管理。对于小学教育，把全县小学按区域由8镇中心学校统一管理。对于初中教育，把全县14所初中学校合并为5所初中学校统一管理。

8. “三项考核”顺利通过

2016年，独山县义务教育均衡发展工作，以全省第三名的好成绩高标准通过了国家评估验收，基本普及十五年教育，高质量通过了贵州省人民政府评估验收，党政主要领导履行教育工作情况，以优异的成绩顺利通过了省人民政府督导考核。

9. 教育扶贫工作取得成效

认真落实教育脱贫惠民政策，全县农村义务教育阶段贫困学生全部入学就读，没有出现一人因家庭经济困难而辍学的现象；解决易地扶贫搬迁1985户1475名子女的就学问题，落实教育精准扶贫资金1068.283万元，惠及农村建档立卡贫困学生4093人次。

在县委、县政府的正确领导下，2015年，教育局在县目标管理考核中荣获特别贡献奖，被省教育厅授予全省中小学学科教学渗透法制教育省级示范县，被州委授予州级五好基层党组织的光荣称号。2016年，在县目标管理考核中荣获主平台二等奖，被省委授予全省先进基层党组织的光荣称号，被省教育厅评为贵州省“十二五”中小学教师继续教育工程先进县、生源地信用助学贷款工作先进单位，被州委评为民族团结进步模范集体、先进基层党组织，并以全省第三名的优异成绩顺利通过国家义务教育均衡发展的评估验收。2017年上半年，县委、县政府交办的任务完成情况荣获主平台第一名的好成绩。

二、教育事业发展存在的困难和问题

1. 城区学校不足

目前，独山县城区一小、二小、三小，共有学生 7169 人，按照《县域义务教育优质均衡发展督导评估办法》第七条第四款“所有小学、初中规模不超过 2000 人，九年一贯制学校、十二年一贯制学校义务教育阶段规模不超过 2500 人”的要求，三所学校共超出学生 1619 人。目前全县 5 所初中，在校生约 9000 人，根据现有的学生推算，预计到 2019 年，全县初中生约有 11000 人，五所初中如果按照每所学校 2000 人的规模计算，将超出学生 1000 人。目前，城区有学前教育适龄幼儿 3500 人，只有公办幼儿园三所，大班超额现象严重，按照幼儿园办园最大规模 360 人的标准，至少缺少 3 所以上幼儿园。

2. 教师待遇不够高

目前黔南州各县教师的年终考核奖励金平均水平约 1 万元，而独山县仅为 0. 35 万元，远远低于全州平均水平；把县内的教师与公务员做比较，公务员年奖金也比教师的奖励性工资多。

3. 教师缺编较多

一是幼儿园教师缺编。现公立幼儿园在园人数为 5292 人，教职工 302 人，师生比为 1∶16，按照幼儿园教职工编制标准 1∶8 计算，应配教职工 661 人，还缺编 227 人。二是随着二胎政策的放开，教师产假多，按照义务教育优质均衡发展验收标准第六条第三款“每百名学生拥有体育、艺术（美术、音乐）专任教师数：小学、初中均达到 0. 9 人以上”的标准，全县还缺编 98 人。三是因为教育系统借调人员多，按照上级有关部门要求进行清理，工作开展难度较大。

三、对策建议

今后几年，全县教育工作应大力实施“一强二优三名四化”四大工程，即围绕建成贵州教育强县目标，推动义务教育优质均衡、普及十五年教育优化发展，全力抓好“名校、名师、名生”“三名”工程创建，按照学校建设标准化、学校管理现代化、办学模式多样化、教学质量优质化的要求，统筹推进各级各类教育协调发展，促进全县教育再迈新台阶，晋级西部教育强县行列。

围绕以上要求和目标，近期要重点抓好以下七方面的工作。

1. 推进义务教育优质均衡发展

提前谋划县域义务教育优质均衡发展，逐步提高学校教师、校舍、仪器设备等配置水平，确保资源配置 7 项指标、政府保障程度 15 项指标、教育质量 9 项指标均达标，社会认可度达 85%以上，教育系统无重大安全责任事故和严重违纪事件，九年义务教育巩固率达 98%，力争第一批次进入国家级优质均衡示范县。

2. 推进普及十五年教育优化发展

全面推进镇、村两级学前教育普及工作，到“十三五”期末，完成 7 个镇中心幼儿园及 57 个行政村村级幼儿园（班）建设，基本普及学前教育。充分发挥对口帮扶先进地区职业教育优质资源，借力发展，到“十三五”期末，学前教育三年毛入园率将达 95%，高中阶段毛入学率将达 95%，补齐学前教育和职业教育“短板”，十五年教育得到优化发展。

3. 深入实施“三名”工程创建

着力各种示范性学校创建，继续深化人事制度改革，探索试行校长职级制，加大教师培训力度，注重学生全面发展。到“十三五”期末，力争打造出品牌学校 3 所以上，培育出省州骨干教师、名校长、教育名师、乡村教育家 30 名以上，培养出“985”工程院校学生 300 人以上。

4. 推动学校标准化建设

根据教育发展规划与预测，在城区需要新建城东、城西、城南 3 所幼儿园，解决城区学前教育资源不足问题；在城区东北面择址新建一所能够容纳 2000 人的小学；全县择址新建一所 2000 人规模的初中学校。通过新增学校，确保全县顺利通过义务教育优质均衡验收。充分利用大数据建立教育云服务平台，提升教育信息化水平。

5. 推动学校管理现代化建设

不断更新办学思想，全面推进依法治教，充分发挥校务委员会作用，深入落实校长负责制，健全学校管理机制，加强学校章程建设，完善治校体系，注重内涵化发展，进一步提升现代化治校的管理水平。

6. 推动办学模式多样化发展

认真总结“国有民办”办学模式的成功经验，创新教育管理体制机制，全力推进独山兴农中学快速发展，鼓励社会力量办学，进一步构建多样化办学的格局。

7. 推动教学质量优质化发展

继续抓好全县大课间活动，以课改作为推动全县教育质量的工作推手，狠抓中小学教师继续教育培训，提升教师队伍整体素质，充分发挥名师工作室示范引领作用，全方位促进学生全面发展，推动各级各类教育质量再上新台阶。

第八章 民族特困地区县域教育发展取得的成效、存在的问题及解决思路

一、取得的成效

在党中央、国务院的正确领导和亲切关怀下，民族特困地区各级政府积极施策、积极作为，民族特困地区县域教育发展取得明显成效，各级各类教育健康发展，教育规模持续扩大，教育质量不断提升，办学水平明显提高。具体表现在：

（一）学前教育全面推进

宁夏回族自治区通过实施学前教育三年建设计划，自治区财政为每个县（市、区）新建2—3个公办幼儿园，为每个乡镇新建和改扩建1所幼儿园。三年为回族聚居9县（区）新建、改建和增设幼儿园199个。与2002年相比，到2014年宁夏回族自治区幼儿园少数民族在园幼儿增加了42200人，比例提高到37.59%，提高了12.8个百分点。广西壮族自治区建立多元普惠办园新机制，创新发展学前教育。

自治区出台了《关于创新体制机制加快学前教育发展的若干意见》等政策文件，建立了多元普惠幼儿园办园新机制。2014年，认定多元普惠幼儿园1000所，落实奖补资金5600多万元，受益幼儿达23万余人。内蒙古兴安盟实施了“学前教育三年行动计划”二期和“十个全覆盖”工程，截至2016年6月，共建设农村幼儿园233所，有效增加了全盟学前教育资源

总量，极大改善了农村牧区办园条件，学前三年毛入园率已达到90%。全盟初步构建起以区、盟级示范性幼儿园为引领、示范，以乡镇中心幼儿园为核心，以村办幼儿园（教学点）为基础，以社会力量办园为补充的学前教育服务体系。

（二）义务教育巩固发展

宁夏回族自治区实施了“百所回民中小学标准化建设工程”和“义务教育均衡发展行动计划”，在全区建设了一批优质民族中小学；同时，通过进一步推进素质教育、巩固提高“普九”成果、提高农村办学水平、加强城市薄弱学校建设、优化资源配置、深化评价制度改革、关注留守儿童、解决进城务工人员子女入学等措施，着力提高义务教育质量，缩小山川、城乡和学校之间的差距。广西壮族自治区，自治区、市、县层层签订推进义务教育均衡发展责任状，实施“全面改薄”工程、义务教育标准化建设工作，筹措下达各类项目资金60多亿元，改善义务教育学校办学条件。内蒙古兴安盟制订了《兴安盟推进县域义务教育均衡发展规划》，确定了各旗县市实现县域义务教育均衡发展的进度。四川省阿坝州理县建立并有效实施了县域内义务教育学校校长和教师定期交流制度，采用城镇教师到农村学校交流（支教），优秀教师到对口学校支教、名师送教下乡等形式，促进师资合理配置和有序流动，缩小县域学校之间在管理水平、师资配置上的差距。贵州省黔南州独山县近五年来完成农村寄宿制学校建设攻坚工程项目101个，改善薄弱学校53所，使全县学校布局更加科学合理，教育资源更加均衡。

（三）普通高中教育加快发展

广西壮族自治区筹措专项资金6亿元，支持各地新建普通高中12所、改扩建普通高中80所，新增校舍面积25万平方米。进一步扩大普通高中优质资源，自治区示范性普通高中达到139所，实现了自治区示范性普通高中县县全覆盖。内蒙古兴安盟出台了《兴安盟普通高中新课程实施方案》《兴安盟普通高中办学条件和办学水平评估方案》《兴安盟中小学特色学校建设指导意见》等文件，在校园文化建设、学校办学水平提高、学校特色发展、新课程有效实施等方面，通过政策引导，推动普通高中优质特色化发展。

（四）现代职业教育积极推进

广西壮族自治区编制了自治区现代职业教育发展规划（2015—2020年）。重点是抓好县级中职学校综合改革，推动每县办好1所新型中等职业学校。自治区先后组织实施了职教攻坚三年计划和深化职教攻坚五年计划，与教育部共建国家民族地区职业教育综合改革试验区，启动实施县级中专综合改革，构建人才成长立交桥，加快建设现代职业教育体系，实现了职业学校与普通高中融通办学、与高职院校贯通办学。建立校企合作新机制，推进职业教育园区化办学和集团化办学。内蒙古兴安盟瞄准市场需求，服务于产业发展与扶贫开发需要，积极加快中职学校专业结构调整。全盟职业学校专业由2014年的33个调整到现在的14个，每所学校重点建设了2到3个精品专业，特色品牌专业提升了学校办学质量，涌现出了科右前旗民族职高、兴安盟职教中心、乌兰浩特市职教中心等国家、自治区中等职业教育改革发展示范校。宁夏回族自治区大力发展职业教育，把初中毕业无法升入高中、高中毕业无法升入大学的学生全部接收进行职业教育，目前全区中等职业学校少数民族在校生人数是2005年的3倍。

（五）高等教育稳步发展

广西壮族自治区2014年出台了《广西壮族自治区人民政府关于深化高等教育综合改革的意见》，实施“强基创优”计划。探索建立高校分类扶持新机制，筹措下达各类经费27亿元，按“扶需、扶特、扶优”原则，对高校进行分类支持。启动高校转型发展应用技术大学试点，确定4所整体转型学校和31个参与转型试点的专业群，推动本科高校转型发展。宁夏回族自治区加大少数民族高层次人才培养力度。通过落实对少数民族考生降分录取和加分录取的政策，少数民族高考录取率由10年前的18%增长到34.6%。

（六）双语教育积极稳妥推进

广西壮族自治区制定了《关于进一步加强壮汉双语教育工作的意见》

《初中壮语文课程标准》《高中壮语文选修课课程标准》等文件，指导壮族聚居地区中小学开展壮汉双语教学多种模式实验。内蒙古兴安盟民族中小学从小学一年级开设汉语课，在小学生学好母语的基础上，从小学三年级开设外语课，让学生学习掌握一门外语。民族杂居地区汉语授课的少数民族学生从一年级加授乙类蒙语文。民族幼儿园从入园开始开展“双语”会话交流，为进入民族学校后学习国家通用语言文字奠定基础。

（七）民族文化传承教育积极开展

广西壮族自治区从2013年起确定了一批中小学作为民族文化教育示范学校创建对象，每年投入900万元专项经费支持学校建设，市、县（市、区）两级分别给予配套投入。2015年，自治区教育厅、民委、人社厅、文化厅联合印发《广西职业教育民族文化传承创新工程实施方案》，推动中职学校将民族文化融入学校教育全过程、改革民间传统手工艺传承模式、加强非物质文化遗产传承人才培养、探索民族文化的现代传承机制。首批确定了17个职业教育民族文化传承创新基地，到2020年，自治区将建成40个民族文化传承创新职业教育基地。内蒙古兴安盟从2013年起，每年举办全盟蒙古语授课中学生校园那达慕，发起蒙古语授课普通高中“阿尔嘎聪杯”辩论赛，从第八届开始成为东部五盟市、全区及八省区的一项民族文化交流活动。全盟8所开展马头琴和长调等第二课堂特色活动的民族学校成为自治区民族文化遗产项目试点学校。

（八）民族团结教育不断加强

宁夏回族自治区组织开展了“10项民族团结教育实践活动”和创建“民族团结进步模范校”活动，对各级各类学校师生进行“五个认同”和“三个离不开”教育。广西壮族自治区从2011年起，自治区财政安排专项经费，支持学校开设民族团结教育课程，向义务教育学校免费提供民族团结教育教材。2014年12月，自治区开展全区性的中小学民族团结知识网络竞赛和电视大赛，参赛人数达92万人。在高校“思想道德修养与法律基础”和“形势与政策”课中渗透民族理论、民族政策教育内容，有条件的高校开设马克思主义民族观教育的必修课程和民族理论等选修课程，系统介绍马克思主义民族观思想。

（九）经费保障能力逐步增强

广西壮族自治区2014年公共财政教育经费659.53亿元，比2013年增加47.68亿元，增长7.79%。宁夏回族自治区2014年公共财政预算教育经费比2013年增长12.5%。教育重点工程项目面向回族聚居的中南部山区倾斜。2013年自治区教育重点工程项目16个，总投资147657万元，其中，向回族聚居9县区投入75276.6万元，占51%。全区教学点数字资源中心建设12个县（区）283个点，其中回族聚居6县（区）建设210个点，投入资金252万元，占教学点和资金总数的74.2%。内蒙古兴安盟“十二五”期间教育经费总投入由“十一五”期间的64亿元增加到150亿元，增长了1.34倍，较好落实了“三个增长”。2016年印发《兴安盟民族教育办学水平提升计划》，盟级民族教育专项资金从过去每年100万元提高到1500万元，集中改善了旗县市和苏木乡镇民族学校办学条件。

（十）教师队伍建设不断加强

宁夏回族自治区建立了以提高教育质量为导向的管理制度和工作机制，实施“国培计划”、骨干教师和学科带头人工程、“1135名师培养计划”、民族中小学校教师“跟岗实践”培训计划、对口支教、城镇教师支援农村学校等建设工程，开展以网络为平台的教育和校本研训，促进教师队伍特别是农村学校的师资水平和教育质量不断提高。建立了乡村中小学教师退出机制。通过乡村教师退出机制，优化教师队伍结构。广西壮族自治区2014年提出实施教师队伍强质增量工程，连续出台了《关于加强教师队伍建设的意见》《关于进一步完善各级各类学校教职工激励机制的若干意见》《关于推进教师教育改革的意见》等文件，实施农村中小学教师支教走教计划，实施农村小学全科教师定向培养计划，以“国培计划”和“区培计划”为抓手，大力开展教师培训，2010年以来培训教师60余万人次，实现了全区教师培训全学段、全学科、全员覆盖。

（十一）教育发展方式改革创新

宁夏回族自治区创新教育发展方式，让民族贫困地区的孩子到川区和发达地区接受优质教育。一是实施中南部地区教育移民计划。全区有近3

万名学生自原居住地移出，投资 1.38 亿元为移民孩子建起了 48 所新的学校，配置了合格的教师，加强教育管理，提高了移民子女的教育水平和巩固率。二是举办区内异地班校。在银川创办了宁夏六盘山高级中学和宁夏育才中学，面向中南部山区以及移民地区择优招收初中毕业生，免收学费、住宿费，并为每位农村户口学生提供每年 1500 元的生活补助。目前两校在校学生达 14000 人，已累计培养毕业生 22300 多名。自治区还在银川一中、吴忠中学、固原一中三所名校举办民族高中班，利用优质教育资源重点培养少数民族人才，20 多年来已培养 5500 多名。贵州省独山县实施“集团化”办学。对于学前教育把全县 8 镇的公、民办幼儿园分别纳入 4 个幼教集团统一管理。对于小学教育把全县小学按区域由 8 镇中心学校统一管理。对于初中教育把全县 14 所初中学校合并为 5 所初中学校统一管理。“集团化”办学，极大地提高了教育教学质量，促进了教育公平和教育均衡发展。

二、存在的主要问题

（一）教育理念、观念滞后

一是当地政府、教育行政部门教育管理观念滞后，先进教育理念缺失。理解新事物、接受新事物能力较差、反应较慢，习惯于传统的管理方式，习惯于凭感觉、凭经验做事，改革的意识、创新的意识、担当的意识不强，压力不大，缺乏原动力。教育管理的理念、观念滞后，导致教育体制机制不活，有利于教育事业发展、学校办学与管理、教师队伍建设、人才培养的制度缺失，现代学校制度没有建立起来或发育不完善，在政府宏观管理下，学校面向社会依法按章程自主办学的良性运行机制没有形成。二是校长管理观念滞后、办学理念陈旧，提出新概念、新思想的能力较差。校长习惯于按行政命令、教育行政部门的指示管理学校，依法治校、民主管理、开放管理的意识不强，被动管理、“被”管理多，主动管理、创新管理少，改革创新意识不强。同时，不少校长教学意识、教科研意识淡薄且有偏差，认为教学、教科研是教师的事，与自己无关或关系不大，因而钻研教学、教科研少，抓教学、教科研工作不到位、不得法，影响了学校教育教学质量的提高。三是教师教育观念滞后，现代教育理念、多元文化教育理念没有形成。重学生分数提升，轻学生品德和能力培养，促进学生全面发展、素质教育、立德树人的理念没有完全确立起来；重视成绩好、家庭背景好的学生，对差生、学困生、中等生、贫困生关注不够，教育公平意识欠缺；教学上循规蹈矩，对新思想、新技术、新信息反应慢，研究学生、教材、教法不深入、不到位，因材施教、分层教学、个别化教学没有很好地实施，现代信息技术掌握和应用不够，课堂教学效果、效率有待提升；学生管理、班级管理、家校合作管理等方面的能力有待提升，民主意识、法制意识不强，尊重学生主体地位不够，“以学生为中心的思想”没有完全确立起来，一些地方还存在体罚或变相体罚学生的情况。四是家长教育观念滞后，家庭教育比较缺失，家庭教育配合、支撑学校教育不够。民族特困地区特别是农村地区的家长，一个普遍的现象是重视眼前利益，对子女教育、读书重视不够，一旦碰上农忙、旅游旺季等自己忙不过来的时候，经常以各种理由给子女请假，帮助自己干活。包括学校组织开家长会，也经常以各种理由不来参加，家校互动不够。

（二）教师队伍建设存在诸多问题

一是队伍结构不合理，乡镇以下学校普遍缺少数学、物理、化学、生物、信息技术、外语、计算机和音体美等学科教师，跨学科兼课十分普遍；学前和中小学双语教师普遍数量不足，质量不高，结构性过剩与短缺并存。二是教师培养与实际需要脱节，各地普遍缺少教师培养专项规划。三是教师培训的针对性、实效性有待提高。我国已普遍建立起国家、省（区）、地（州）、县（旗）四级培训体系，对于民族特困地区，除这些常规的培训渠道外，还有不少专项培训如对口支援培训等，因此，教师参加培训的机会还是较多的。但从各种培训项目的实际效果来看，总体来说，效果不尽如人意，理论性培训、“高大上”培训偏多，接地气实操性培训少，实践环节较薄弱，跟岗培训相对较少，按需施教、订单式培训较少，“送教上门”“送教下乡”较少，网络培训缺乏。四是教师管理机制僵化、不科学，缺乏活力，有利于教师队伍建设、有利于教师个人成长的约束机制、激励机制、流动机制没有很好地建立起来。特别是偏远地区乡村教师，工作生活条件艰苦，收入水平低，教师缺乏成就感、幸福感，教师职业缺乏吸引力，优秀教师向城镇单向流动和普通教师自然流失严重，队伍不稳定。

（三）教育经费保障能力不足

随着校安工程、全面改薄工程、农村寄宿制学校建设工程、学前教育项目工程、农村初中工程、现代远程教育工程、教师周转宿舍建设工程等教育重点建设项目的推进实施，许多民族地区的学校面貌焕然一新，办学条件得到极大改善。但由于民族地区地域较广，且多为边疆、高寒高海拔地区，山高谷深，交通不便，办学成本较高。加之民族地区生产力发展水平较低，经济发展缓慢，财政自给率低，地方财力十分有限，历史欠账较多，因此民族地区教育基础设施薄弱、教育发展不均衡问题较为突出。地方财力薄弱直接导致教育配套能力不足，很多项目往往由于难以完成配套而无法正常启动，办学条件难以达标，加上地震、泥石流等自然灾害频繁发生，每年新增不安全校舍面积较多，中小学布局优化和标准化建设任务艰巨。保障教育经费稳步增长机制还需进一步健全和完善。如，云南省普洱市按照“全面改薄”2014—2018 年五年总规划，项目覆盖 766 个农村义务教育学校，投资 15.01 亿元，其中，中央资金 7.48 亿元，省级资金 5.27 亿元，市级配套资金 0.78 亿元，县级配套资金 1.48 亿元。由于县级配套资金未能及时到位，因而影响了项目进度。又如，因经费不足，广西有 80%的幼儿园园舍建设不符合设计规范和幼儿园建筑面积定额标准，85%的寄宿制学校学生厕所条件简陋，达不到卫生要求。

（四）学前教育资源匮乏，义务教育发展不均衡

民族地区学前教育资源特别是公办学前教育资源严重匮乏，不少乡镇至今还没有公办幼儿园。如，广西全区公办幼儿园仅占幼儿园总数的 13.7%，远远低于全国公办幼儿园 35.4%的比例。全区 1100 余个乡镇中，还有 30%的乡镇没有公办乡镇中心幼儿园。又如海南省，民族地区公办幼儿园仅 133 所，在公办园就读的幼儿 2.61 万人，仅占全部在园幼儿的 25.83%。

民族地区由于经济社会发展水平有差距，教育资源总量不足与发展不均衡并存，县域之间、城乡之间、校际发展不均衡，农村优质教育资源相

对匮乏的矛盾还较突出。民族地区学校设施不配套问题普遍存在，特别是在一些偏远地区，校舍陈旧，用地不足，生活用房、运动场地、功能室不配套。在义务教育均衡发展中，十项办学条件指标七项以上不达标的中小学数量较多，民族地区中小学办学条件亟待改善。随着城市的发展，城市居民和城区外来务工人员不断增加，需入学儿童增多，加之乡镇、农村优秀学生读书向城区优质学校转移，导致城区优质学校学位紧张，学校大班额现象严重。如，2016 年广西有教学点 10381 个，在教学点就读的小学生 36 万人，其中有 10 万名 4—6 年级学生应进入寄宿制学校就读，但因寄宿制学校不足，不能满足需求。现有寄宿制学校办学条件较差，小学生均宿舍面积、初中生均宿舍面积与国家标准分别相差 1. 85、2. 16 平方米，约有 76 万小学和初中寄宿生没有宿舍，大通铺现象严重。又如，云南西双版纳州勐海县的布朗山乡，目前仍有教学点 22 个，其中一师一校点达 8 个。这些教学点的校舍与教学设施简陋，师资力量薄弱，教育质量难以保障，严重制约了当地教育的发展。

（五）高中阶段教育发展是短板

1. 普通高中教育发展滞后

过去很长一段时间，民族地区基础教育的工作重心主要放在“两基”攻坚上，对普通高中教育发展投入有限，导致普通高中发展滞后，基本条件和基础能力建设薄弱，普遍存在教室、图书馆、实验室、通用技术、音乐、美术等专用教室数量不足，实验仪器、体卫艺器材缺乏，多媒体教室、计算机教室数量不足，教育信息现代化程度不高。如广西壮族自治区，2016 年，初中毕业生升入普通高中的比例仅为 46%。高中阶段教育毛入学率 88%，远远低于全国平均水平，已成为制约广西高等教育大众化发展和义务教育均衡发展的瓶颈。同时，按照国家颁布的标准［《城市普通中小学校校舍建设标准》《中小学理科实验室装备规范》《高中理科教学仪器配备标准》《中小学图书馆（室）规程（修订）》］等文件要求，全区须加固、改扩建、新建普通高中校舍 897 万平方米，建设理化生实验室、通用技术教室、综合实践教室 3300 间，购置印刷图书 860 万册，须投入资金高达 151 亿元，资金缺口大。而且，随着义务教育的普及、教育重心的上移，普通高中教师数量不足的问题较为突出，不能满足普通高中教育发展的需要。如四川省凉山州，现有普通高中专任教师 3353 人，按照 1：14.3 的师生比例，应有教师 4705 人，尚缺编 1352 人。

2. 现代职业教育体系还没有建立起来

一是民族地区职业教育专项经费投入不足，教育费附加、地方教育附加用于职业教育的比例、职业学校生均公用经费标准没有按规定完全落实。二是职普比低。2013 年，全国高中阶段少数民族在校生中，中职学生仅占 22.2%，甘肃甘南州职普比为 1.1：8.9。三是缺少专业教师。民族地区普遍缺乏职教专业教师，“双语双师型”教师尤为短缺。据统计，广西全区县级职教中心专任教师数量缺口达 1 万人，现有“双师型”教师仅占专任教师的 27%，比全国低 9 个百分点。四是教师队伍整体素质不高。职教师资补充渠道不畅，整体素质不高，结构不合理，校企合作、产学研结合、工学结合、顶岗实习、订单式培养等没有建立长效机制。五是职业教育人才培养模式不能完全适应区域产业发展和实际岗位需要。民族优秀文化、传统工艺、现代农牧业等特色学科专业建设滞后。

（六）双语教育推进困难较多

由于“两基”攻坚、基础教育均衡发展任务，集中精力改善办学条件，民族教育特殊性需求特别是少数民族双语教育得不到应有的重视，相关政策措施不完善，针对性、可操作性不强。双语教学没有纳入国家或地方义务教育的必修课程。民汉双语教学中的民族语文只是校本课程，随意性很大，学校可以开设也可以不开设，课时量得不到保证，教学任务难以完成，教学目标难以达到。同时，受应试教育的影响，学生双语学习的意愿不高，部分家长支持力度不大。更为糟糕的是，民族地区学校开展双语教学没有专门的编制和岗位，很多地方双语教师总体数量不足，国家通用语言与少数民族语言兼通的教师数量较少，高水平的双语教师尤为缺乏，大多数学校民文课教师得不到有效补充，长期以其他学科教师兼任民文课教师，教学质量难以保证。据调查，贵州省 2014 年少数民族母语学区小学一至三年级双语教师缺口至少为 3100 人，学前班双语教师缺口至少为 2150 人。教学中又经常缺乏民文课外读物和形象直观的音像教学资料，不利于双语教学效果的提高。

（七）教学资源建设滞后

主要表现在：一是双语教辅教参配套不足。符合少数民族学生认知特点的课外读物和音像制品较少。二是民文配套数字化资源缺乏。学生利用现代教育技术拓展学习领域受限。三是教育教学数字化资源缺乏。同时，教育数字资源缺乏统一规划、统一建设，地区、学校之间存在低水平重复建设情况。四是民族传统文化数字化资源建设不足。不利于少数民族优秀传统文化的传承与创新。

（八）教育信息化水平较低

教育信息化设备的覆盖率较高，但是设备参差不齐，利用率不高，未能充分发挥在教学中的有效辅助和补充作用，尤其是农村教师利用率普遍不高。一是教育管理部门和学校对教育信息化重要地位和作用的认识不足，校长控制使用情况较普遍。二是宽带网络的接入率和校内“网络条件下的基本教学环境”（校园网）建设率偏低，需要重点加强。三是教师信息技术应用意识薄弱，应用能力不强。四是资源建设薄弱，具有地方和民族特色的优质教育资源建设不足。五是教育信息化基础设施建设不均衡，民族特困地区还有不少班级尚未配备多媒体设备。

（九）教育质量偏低，教科研水平有待提高，学校管理相对薄弱

民族地区由于受语言障碍、教育氛围等因素的制约，教育教学质量与同类地区相比，仍有一定的差距。由于少数民族地区生活条件和工作条件艰苦，特别是偏远民族乡村教师因条件艰苦难以安心教学工作，教师流动较大，民族地区师资普遍缺编，紧缺学科教师结构不合理，缺乏学历合格的民汉双语和民族民间文化特长教师，加之培训机会较少、培训质量不高，不少教师的专业化水平较低，教育观念陈旧，教学手段落后，这是民族地区基础教育质量偏低的重要原因。绝大部分地州没有民族教育教研员或双语教研员，教科研对教学的支撑和指导作用发挥有限。许多山区学校现代学校制度没有建立起来，学校管理不科学、不规范，常规管理难以落实；教师教学水平低，教科研能力不强，再加上学生学习基础差，教学质量提升乏力。

三、解决思路与对策

（一）发展思路

为推进民族特困地区县域教育事业科学发展，必须遵循规律、突出重点，必须加强顶层设计，明确发展思路。民族特困地区县域教育事业改革与发展的基本思路是，全面贯彻习近平新时代中国特色社会主义思想和党的十九大精神，坚持“五位一体”总体布局和“四个全面”战略布局，牢固树立和贯彻落实创新、协调、绿色、开放、共享的发展理念，立足于民族地区处于社会主义初级阶段相对较低层次、民族教育与全国教育发展水平差距较大的客观现实，以立德树人为根本任务，以促进社会公平、服务改善民生、增进人民福祉为出发点，以提升少数民族学生就业创业能力和幸福生活能力为落脚点，以教师队伍建设为关键，全面贯彻党的教育方针和民族政策，全面加强爱国主义教育和民族团结进步教育，加快教育领域综合改革，推进依法治教，促进教育现代化，不断提高教育质量和办学水平。

（二）对策建议

1. 加强民族团结进步教育常态化机制建设

要突出政治导向，大力加强爱国主义教育，把增进学生对伟大祖国、中华民族、中华文化、中国共产党、中国特色社会主义的认同作为学校教育的重要内容，让学生认识到祖国的繁荣富强与他们的前途未来息息相关，把学校建成反对分裂、维护祖国统一和民族团结的坚强阵地。一是把民族团结教育贯穿到课堂教学、社会实践、校园文化建设等各环节和全过程，推进社会主义核心价值体系、党的民族理论和民族政策、国家法律法规进教材、进课堂、进头脑、进网络，不断提高民族团结教育的针对性和有效性。二是要在民族地区和内地同时开展、同步推进和同时加强民族团结教育，使各族学生思想认识和行为自觉统一到党和国家的要求上来。《国家中长期教育改革和发展规划纲要》明确提出：“在各级各类学校广泛开展民族团结教育。”这就要求，不仅民族学校和民族地区学校要开展民族团结教育，非民族学校和非民族地区学校也要开展民族团结教育，要建立一个涵盖各地区、各学校、各学段的民族团结教育体系。三是抓紧完成中小学民族团结教育教材修订工作，加强民族团结教育教学资源、实践实训基地建设和教师培养培训工作，特别是要建立一支能胜任民族团结教育工作的专业化教师队伍。四是重点加强新疆、西藏、四省藏区等民族地区中小学校爱国主义教育和民族团结教育，防止非法宗教活动和宗教极端主义向学校渗透。五是加强对民族历史文化和民族宗教史的阐释研究，加强民族民间文化教育，大力开展民族民间文化进校园活动，使各族学生正确认识到中华文化是各民族共同创造的，不断增强各族学生“三个离不开”“五个认同”思想意识，自觉为实现中国梦而努力学习和奋斗。

2. 科学稳妥推进双语教育

推进双语教育，本质上是为民族地区孩子考虑，是为他们将来的生活和就业考虑。要把有利于学生融入社会、融入生活，有利于提高学生幸福生活的能力作为工作方针，积极推进国家通用语言文字教学，同时考虑民族地区的实际，遵循规律，因地制宜，逐步推进，建立健全从学前到中小学教育教学相衔接，教学模式与学生学习能力相适应，师资队伍、教学资源满足教学需要的双语教育体系。一是针对当前双语教育的薄弱环节，要大力加强双语教师队伍建设，建立双语教师资格标准和准入制度，建立健全培养培训双语教师的有效供给机制和补充机制，加强对双语教师培养培训效果的评估。二是积极开展双语教育研究与实验，加强双语教育基本理论与规律的研究，加强少数民族学生第二语言学习规律研究，不断推动双语教学能力、学习能力的提升和双语教学资源建设，不断提高双语教育管理水平，推动双语教育科学可持续发展。三是建立完善双语教育质量监测与评价机制，通过质量监测与督导评估，不断提高双语教育的质量和水平。

3. 以建立完善民族教育体系为目标，统筹规划各级各类教育发展，科学调整各级各类教育结构

坚持以培养学生的基本素养、基础能力为导向，推动各级各类教育协调发展，推动教育结构科学调整，探索一条适合少数民族孩子学习的小学教育、中学教育、职业教育、大学教育的科学发展方式，切实提高少数民族学生的科学文化素质和就业创业能力。一是积极扩大民族地区学前教育规模，促进学前教育科学发展。多渠道增加学前教育资源供给，抓住国家第三期“学前教育三年行动计划”“农村学前教育推进工程”等重要契机，

加大对民族地区实施学前三年教育的支持力度，重点支持民族贫困地区乡村两级公办和普惠性民办幼儿园建设，改善保教条件，合理配置保教人员，满足适龄幼儿入园需求。加强对学前教育的指导监督，规范学前教育管理和办学行为，促进学前教育科学发展。二是巩固民族地区义务教育普及成果，推进义务教育均衡发展。重点提升民族地区义务教育阶段学校办学条件，推进民族地区中小学校舍标准化建设。进一步完善农村义务教育营养改善计划，全面调研了解民族贫困地区“农村义务教育营养改善计划”实施情况，总结工作经验，找出问题和不足，进一步完善政策措施和实施方案，逐步扩大实施范围、适当提高补助标准，真正把好事办好、办实。依法重点抓好农牧区“控辍保学”工作，充分动员社区（乡村）组织、学校、家庭等力量，降低辍学率，确保到校率。三是合理确定双语教学模式结构。按照“依据法律、遵循规律、尊重意愿、因地制宜、因时而异、科学稳妥”的原则，加强西藏和四省藏区以及其他民族地区不同模式的双语教学，扩大双语教育覆盖面，逐步提高少数民族学生学习使用国家通用语言文字的能力。四是加强中小学薄弱学科建设。加强教材和教学资源建设，推广运用现代信息技术手段，强化薄弱学科教学，尤其是提高数理化等学科教学质量，解决高中教育发展瓶颈问题。五是加大对民族地区职业教育支持力度，大力发展中等职业教育，逐步扭转民族地区职业教育、普通高中比例失衡局面，着力培养一批服务地方经济社会发展、产业结构调整升级的技术技能型人才。六是调整高校学科专业结构。着眼全国产业结构调整和经济社会发展需要，优化民族地区高校和民族院校专业布局，加大理工农医类专业比重，让学生掌握现代社会实用技能，不仅能够为民族地区服务，也有能力到全国大市场闯荡。

4. 加强高素质专业化教师队伍建设

教师队伍是办好教育的关键。针对民族特困地区教师队伍建设现状，要积极探索建立“下得去、留得住、教得好”的教师队伍建设常态化机制。一是补充一批合格教师。随着学生双语能力的提高，每年要多进一些懂双语的年轻人充实教师队伍。鼓励民族地区通过公开招聘、志愿者招募等多种方式，补充合格学前教育教师。落实好农村义务教育阶段教师特设岗位计划，定向补充一批合格教师。通过职业院校教师素质提高计划，支持从社会、行业公开招聘能工巧匠、专业技术人员到中职学校任教，缓解职业教育师资不足的矛盾。二是培养一批合格教师。国家师范生免费教育政策应加大向民族地区倾斜力度。支持建设好民族地区师范院校和民族师范院校。支持民族地区实施地方免费师范生培养计划。定向培养一批热爱民族教育事业、品学兼优的双语教师、学前和中等职业教育教师。三是加大培训力度。国家级和省级教师培训计划应重点向民族地区特别是民族特困地区倾斜，对幼儿园园长、中小学校长、骨干教师实行五年一周期的全员培训，努力提高各级各类教育教师的政治素质、双语能力和教学能力。四是落实教职工编制和待遇。科学合理核定学前教育、双语教育、中等职业教育等教职工编制。落实国家规定的乡村教师工资倾斜政策。加大教师周转宿舍建设力度，保证教师基本工作和生活条件，稳定教师队伍。五是加大教师支教力度。“边远贫困地区、边疆民族地区和革命老区人才支持计划教师专项计划”向民族地区倾斜。吸引优秀人才到民族地区支教。对口支援省市进一步加大选派教师赴受援地区支教工作力度。六是推进民族地区县域内校长教师交流轮岗。把工作重点放在优秀教师和管理骨干的交流上，引导和鼓励他们到农村学校任职任教。淡化校长、教师“学校所有”概念，推动城镇学校和农村学校校长教师的双向流动，真正实现校长教师“县管校用”。七是充分保护和发挥教职工的积极性，妥善安排使用不适应双语教育的少数民族教师。

5. 依托信息技术，促进优质教育资源在民族地区的覆盖率

构建利用信息化手段扩大优质教育资源覆盖面的有效机制，使民族地区广大师生享受优质教育资源，逐步缩小民族教育与全国教育发展差距。一是国家教育信息化基础能力建设项目向民族地区学校倾斜。促进民族地区学校数字校园标准化建设，基本实现宽带网络校校通、优质资源班班通、网络学习空间人人通。二是依托国家教育资源、教育管理公共服务平台，开发并提供幼儿园、中小学双语教育数字网络课程及资源，建设教育管理基础数据库和管理信息系统，推进民族地区学校管理信息化，充分发挥空中课堂作用，实现优质教育资源共享。

6. 加大教育对口支援力度，提高教育对口支援效益

教育对口支援是加快民族地区教育发展的有效形式，是社会主义制度优越性的重要体现。一是完善东中部发达地区、中央企业、职教集团、高等学校对口支援民族地区教育和各省、自治区、直辖市相对发达地区对口

支援当地民族地区教育的工作机制。提高对口支援效益。二是重点加强对民族地区双语教育、学前教育和职业教育的支援力度，不断完善教师交流、民族地区教师校长到内地学校研修挂职、内地院校定点对口支援、联合培养、委托培养、合作办学等工作机制。三是加强各民族地区在师资建设、教学改革、课程教材开发、双语教学等方面的合作。四是采取财政补贴的方式，组织具有教师资格的志愿者到民族地区支教。

7. 切实加强民族地区教研、科研工作

科研是学校的生命线，没有高水平的科研就没有高质量的学校教育；教研是提高学校教学质量，提升教师教学水平的基础工程。科研和教研，是当前民族地区中小学的短板和薄弱环节。下一步，在科研工作方面，要以全面提升民族教育质量和大力培养优秀人才为着眼点，以民族教育改革和发展的重大理论、政策和实践问题为着力点，突出重点、完善机制、创新体系。一是丰富研究类型，拓展以创新为导向的基础研究，加强基于实证的政策研究，强化以标准和模式为主导的实践研究。二是引导和支持高等院校特别是民族院校和民族地区高校，开展民族团结教育、双语教育、中小学理科教学、少数民族师资培养培训等理论和实践问题研究，进一步优化学科结构，凝练方向、突出重点。三是围绕政策决策、学术前沿，促进交叉融合，培育一批高水平的民族教育研究基地。四是发挥教育部民族教育发展中心对民族教育科研和教研工作的统筹指导和协调服务职能，建立民族教育研究基金和民族教育研究数据库，提高服务国家战略的能力。在教研工作方面，要深刻认识校本教研的重要意义，建立各学科校本教研的常态化机制。同时，加强县域内教研资源的统筹，加强县级教研机构建设，加强名师工作室建设，实现县域内优质教研资源的共享共用。有条件的学校，要充分利用远程教育的优势，推进学校科研和教研水平的提升。

8. 加大经费投入，建立民族教育经费投入保障长效机制

建立健全中央支持、省级统筹的民族教育经费保障机制，重点加大对农村义务教育的投入力度，兜住底、补短板、促公正。一是中央财政加大对民族地区的均衡性转移支付、民族地区转移支付、各级各类教育转移支付力度。二是增加中央财政民族教育专款，主要用于双语教育、民族团结教育、教师培养培训、农牧民子女教育、人口较少民族教育等方面。三是探索建立民族教育按系数拨款的机制，根据民族地区教育的特殊需求，在

生均公用经费、教师津补贴等方面适当提高拨款标准。四是在义务教育阶段，逐步将家庭经济困难寄宿生生活补助扩大到民族自治州（县）所有农村学生，逐步提高民族地区和少数民族家庭经济困难学生补助标准。五是率先在民族地区实行中等职业教育免费制度。六是对民族地区农村学生逐步实行学前一年教育免收学费。七是完善优惠政策和奖励机制，鼓励和引导社会力量支持发展民族教育。

9. 以学校章程建设为抓手，建立完善现代学校制度

学校章程建设是建立、完善现代学校制度的重要内容和重要标志。章程上承国家教育法律法规，下启学校规章制度，是学校办学的纲领性文件，是构建政府、社会、学校合理关系的重要依据。学校章程既为学校正常运行发挥桥梁和纽带作用，又使办学宗旨、内部治理、财务管理等有章可循。

当前，民族地区推进依法治教、依法治校的进展并不平衡，学校章程建设和治理能力建设力度也不平衡。现代学校制度发育不足，依法按章程自主管理、自主发展、自我约束的机制远未形成。下一步，要切实加强学校章程建设，以学校章程建设为抓手，建立和完善现代学校制度。要从思想意识上树立起对学校章程重要性的认识，建立科学严谨的章程制定程序，切实加强对章程文本的研究，确保章程内容彰显现代学校制度精神和本校办学特色，实现与教育法律法规、学校各项规章制度的有效衔接。要加强学校章程实施的研究，在章程实施中不断总结经验教训，不断推进章程的深入实施，同时不断修订完善章程文本。要适时推动学校章程建设的专项监督，注重监督主体多元并存，注重校内校外监督并举，实现政府宏观调控、学校自主办学、社会积极参与的教育治理格局。

10. 加快民族教育立法步伐，为民族教育改革与发展保驾护航

坚持依法治教、依法行政、依法办学，是教育实现科学健康发展的必然要求。党的十八大报告明确提出："完善中国特色社会主义法律体系，加强重点领域立法"。党的十八届四中全会作出的《关于全面推进依法治国若干重大问题的决定》进一步指出："建设法治中国，必须坚持依法治国、依法执政、依法行政共同推进，坚持法治国家、法治政府、法治社会一体化建设。"民族教育作为国家法治建设的重要领域，作为国家推动社会发展和长治久安的治本之策，应适时加快立法步伐。当前应积极创造条

件，推动《少数民族教育促进法》《少数民族教育经费保障法》《少数民族教育师资保障法》等的起草制定，对涉及民族教育改革与发展的重大问题和特殊问题如双语教育、民族团结教育、学前教育、中等职业教育、以数学为基础的理科教育以及教育经费投入、教师队伍建设等做出明确规范，依法推动民族教育中的特殊困难和突出问题的解决，依法保障和促进民族教育事业的改革与发展。

第九章　典型案例

案例一：民族地区乡村教师队伍建设
——以广西为例

广西壮族自治区是我国五个少数民族自治区之一，是我国少数民族人口最多的省区，有壮、汉、瑶、苗、侗、仫佬、毛南、回、京、水、彝等12个世居民族和其他44个民族成分。2014年，全区总人口5480万人，其中少数民族人口2077万人，占总人口数的37.9%，其中壮族人口1760万人，占总人口数的32.1%。多年来，自治区党委、政府高度重视教育工作，优先规划，教育事业得以快速发展。然而教师队伍建设工作一直是薄弱环节，也是阻碍教育发展的最大问题。特别是乡村教师队伍的建设，由于其职业吸引力不强、补充渠道不畅等，制约了乡村教育持续健康发展。为此，2015年9月，我们通过问卷调查和实地考察两种形式，对广西壮族自治区乡村教师队伍建设情况进行了专题调研。

一、广西壮族自治区乡村教师基本情况

（一）“乡村教师”的范围界定

本案例根据2015年6月1日国务院办公厅印发的《乡村教师支持计划（2015—2020年）》的界定，乡村教师包括乡中心区、村庄学校教师。

（二）乡村教师配备情况

截至2015年8月底，广西壮族自治区乡村共有在校生317.23万，乡村教师18.7574万（在编16.5428万，编外聘用2.2146万）。其中乡村幼儿园3826所，在园幼儿73.99万，教师8645人（在编1100人，编外聘用7545人）；乡村普通小学9929所，在校生210.26万，教师15.20万（在编13.22万，编外聘用1.98万）；乡村普通初中549所，在校生34.03万，教师3.43万（在编3.28万，编外聘用0.15万）；乡村普通高中29所，在校生5.58万，教师3771人（在编3163人，编外聘用608人）；乡村中等职业学校13所，在校生3.37万，教师319人（在编17人，编外聘用302人）。

（三）乡村学校（教职工）编制核定及配备情况

全区乡村学校共核定编制17.08万，实有在编教职工17.14万人。其中幼儿园核编1504名，实有在编教职工1101人；普通小学核编13.0万名，实有在编教职工13.26万人；普通初中核编3.59万人，实有在编教职工3.48万人；普通高中核编2776名，实有在编教职工2594人。中职学校核编531名，实有在编教职工408人。

（四）乡村中小学专业岗位设置及聘任情况

全区乡村中小学核定专业技术岗位19.28万个，实聘16.09万人。其中，初级岗位核定11万个，实聘7.68万人，获得初级职称4.9万人；中级岗位核定7.88万个，实聘8.08万人，获得中级职称10.34万人，已评低聘人员2.89万人；副高级岗位核定4060个，实聘3208人，获得副高级职称5575人，已评低聘人员2400人。

二、广西壮族自治区乡村教师建设的措施和成效

（一）多方开拓教师补充渠道，乡村学校师资不断充实

一是公开招聘中小学教师。2014年，全区乡村学校通过公开招聘招录教师9423名，其中桂林市招录249名，北海市招录16名，贵港招录610

名，河池招录534名。二是通过“特岗计划”等项目补充教师。2014年，全区乡村学校通过“特岗计划”等项目补充教师9622名，其中桂林市补充400名，北海市补充36名，贵港市补充815名，河池市补充310名。三是推行教师支教走教计划。自2014年7月起，广西壮族自治区进一步加强统筹规划，结合三区教师专项计划，启动实施了中小学教师支教走教计划。2014学年，共选派支教走教教师6914人次（1名教师支教走教1学期按1人次计算），安排选派工作经费4685万元用于发放工作补助、交通差旅费用及购买意外保险费等。其中，桂林市选派570人次，安排工作经费317万元；北海市选派244人次，安排工作经费137万元；贵港市选派486人次，安排工作经费459万元；河池市选派872人次，安排工作经费512万元。

（二）建立激励机制，乡村教师福利待遇逐步改善

一是依法落实绩效工资政策。2013、2014年，连续两年调整中小学教师绩效工资控制线水平，全区县级绩效工资控制线水平调整为年人均2.5万元和2.7万元两档。桂林、北海、贵港、河池等市均及时按规定调整了乡村教师工资，并依法及时足额发放工资。二是改革义务教育学校校长绩效工资分配机制。桂林、北海、贵港、河池等市在义务教育学校奖励性绩效工资中增设校长奖励性绩效工资，相应增核该部分绩效工资增量均已列支，不占用教师份额，而且各级教育局均按规定制定了具体实施方案。三是实施乡村教师生活补助计划。2014年，自治区安排奖补资金1.37亿元，补助教职工8.25万名。其中，桂林市发放补助资金1956.11万元（自治区奖补984万，县级财政安排972.11万），补助乡村教师4100多名；河池市发放补助资金6296.96万元（自治区奖补3157.68万，县级财政安排3139.28万），补助乡村教师1.8万名；北海市发放补助资金95.52万元（自治区奖补94.32万，县级财政安排1.2万），补助乡村教师404名；贵港市发放补助资金479.79万元（均为自治区奖补资金），补助乡村教师2110名。四是加大教师住房保障力度。截至2015年，中央先后下达自治区艰苦边远地区教师周转宿舍建设资金11.2亿元，共建设教师周转宿舍2万套。同时，将乡镇中心小学公共租赁住房等纳入保障性安居工程，目前已开工建设6.78万套，建设教师保障性安居房271.2万平方米。其中，桂

林市新建成教师周转宿舍 1449 套，约占教师住宿比例的 8.6%，大部分县区都通过公共租赁住房解决部分教师住房问题。北海市共建有教师周转房 472 套，公租房 898 套。贵港市建设教师周转房 1523 套，并把农村教师住房困难问题纳入政府保障性住房范围，大力建设教师公租房。如：港南区计划建设教师公租房 2052 套；覃塘区计划建设教师公租房 2248 套。河池市实施教师周转房 2390 套，部分县实施园丁工程，南丹县财政投入资金 1500 多万元，兴建教师周转房 10000 多平方米，解决了部分农村教师的住房问题。

（三）加大教师培训力度，有效提升教师素质

广西壮族自治区以“国培计划”“区培计划”“县培计划”为抓手，大力开展教师培训，并且将培训计划适当向乡村教师倾斜。2010 年以来累计投入经费 5 亿多元，培训教师 60 余万人次。自治区各市（县）积极配合，并结合本地区实际情况，采取有效措施加大师资培训力度。如环江毛南族自治县教育局设立教师培训专项，每年落实 80 万元经费，加强教师职业道德和业务能力培训，实施教师能力提升工程。忻城县财政每年安排约 15 万元，通过走出去、请进来等方式对教师进行培训，2015 年已安排教师培训 46 人次，校长培训 3 人次。

（四）完善职称评审办法，规范岗位设置管理工作

广西壮族自治区对农村教师职称评审给予免考职称外语的待遇，边远乡镇的农村教师可申请免考职称计算机，降低其学历要求。在评审时，要求农村教师职务（职称）晋升比例不低于当地城区学校教师。农村教师职称评审大幅提升，有效地激发了农村教师的积极性。2015 年中小学职称评审时，农村教师职称评审通过率为 19%，城镇教师职称评审通过率为 13%。

三、广西壮族自治区乡村教师建设探索的宝贵经验

（一）教师补充留任方面

1. 加强教师本土化培养

从调研反映的情况看，留任的乡村教师基本上都是本县或邻近县的。

他们大多是因为土生土长在这里，生活环境习惯、亲戚邻里和睦，生活在这里有存在感和归属感。因此，近年来广西各地抓住这一特点加强了教师本土化培养。一是充分用好用足特岗教师政策和自治区农村小学全科教师定向培养政策，进一步拓展乡村教师补充渠道。如，桂林市2015年申报特岗教师招聘指标626名、小学全科定向培养名额225名、中职定向培养名额14名。二是招聘本地教师，如桂平市在招聘特岗前期想方设法宣传发动本地符合条件的人员进行报考，也起到补充乡村教师的辅助作用。

2. 为乡村教师的家庭安置提供便利条件

恭城县创造条件解决乡村教师夫妻双方两地分居的问题，确保教师安心从教。桂平市尽可能将教师调配回原籍或父母等亲人所在地学校任教。在校舍紧张的情况下尽可能安排好住房，并在日常生活上多予照顾，为未婚老师牵线搭桥组成家庭，有了安定的家，才能安心地工作，才能留住年轻教师。

（二）教师待遇方面

1. 发放年终一次性绩效奖励

桂林市部分县区自行出台了一些改善教师工资待遇的举措。从2014年开始，资源县、恭城县、龙胜县、阳朔县、荔浦县、临桂区、灵川县把教职工列入年终考评奖励范围。阳朔县、荔浦县给全县教师参照公务员标准发放年终绩效奖金，龙胜县每年县财政拿出160万元发放教师年终绩效奖金，恭城县财政安排1235万元，用于全县教师参照公务员标准发放2014年绩效奖金。

2. 分级分类实施乡村教师生活补助计划

河池市明确要求各县（市、区）在中央、自治区补助的基础上，增加每人每月不低于100元的补助标准，以吸引更多优秀人才到农村从教。如都安县安排财政资金1294.26万元（自治区奖补884.64万元，县级财政资金409.62万元）。全县按照距离县城、乡镇远近路程等，分为26个档次对乡（镇）以下乡村教师按月250—550元发放。

3. 加大教师表彰奖励，增强乡村教师荣誉感

恭城县设立教育基金会，筹集民间资金用于教师奖励，如班主任奖励等。恭城县财政还加强教师考核奖励，安排财政资金10万—20万元用于

奖励高考成绩优秀班级的相关教师。

4. 其他措施

各地落实乡镇工作补贴，对在乡镇（不含街道）学校的正式工作人员给予每个月 300 元的工作补贴。又如，桂林市明确教师在乡村学校从教满一定年限后优先安排县镇任教，并在评先评优、职务（职称）晋升、绩效奖励等方面给予政策性倾斜等。恭城县每年为教师安排免费体检，所需资金由县财政负担，以此促进乡村教师“下得去，留得住，教得好”。

（三）教师编制、职称（职务）管理方面

1. 调剂其他事业单位编制用于补充教师

恭城县在教师编制紧缺时，调剂其他事业单位编制用于教育系统，主要用于公开招聘教师。

2. 以乡镇为单位核定岗位数

为解决村小、教学点等因编制不足无法设岗的问题，都安县以乡镇所有小学为整体单位，由人社、教育行政部门根据岗位设置比例对岗位设置数量实行集中调控，统一设岗，并按照实际教学需求将岗位分配到相关学校。

3. 教师职称（职务）即评即聘

恭城县教师在取得职称的第 2 个月即可兑现相应层次最低档的工资待遇，即实现职称（职务）即评即聘，不受岗位设置比例限制，所需经费由恭城县财政承担。

4. 预留部分编制岗位用于教师交流

桂林市部分县在核定编制、岗位时，预留了部分编制和岗位用于校长教师轮岗交流，由教育行政主管部门统一管理使用。

5. 探索学区统一管理的教师管理模式

贵港市各县（市、区）探索以乡镇为单位成立学区，实行学区内各校教师由学区统一安排使用的制度来解决村小和教学点教师紧缺问题。

（四）教师轮岗交流方面

各地根据实际情况制定相关政策推动教师交流。如贵港市在 2014 年制定了《贵港市义务教育学校校长教师交流工作指导意见》，通过对有交流

工作经历的教师在同等条件下优先聘任，对有交流工作经历的教师在评优评先、职称评定时在同等条件下予以倾斜，教师周转房优先保障交流的教师居住，新提拔的校长原则上要有两个以上学校任教经历等措施，引导教师自愿交流到乡村学校任教。又如，桂平市对到农村学校工作的教师免试用期。

四、广西壮族自治区乡村教师建设存在的问题和原因分析

（一）乡村教师编制不足，教师数量总体缺口大

按照原编制标准高中教职工与学生比 1∶12.5，初中 1∶13.5，小学 1∶19 的比例核编，经测算，全区中小学共需核定教职工编制 45.8 万名，与现有编制相比，全区需新增编制 2.69 万名，幼儿园需新增编制约 6 万名。按新编制标准计算，乡村教师编制缺口幼儿园 1.59 万名，中小学教职工 1.87 万名。以桂林市为例，最近一次核定编制是 2010 年，是按桂政办发〔2002〕137 号文件的编制标准核定中小学教职工编制（不含中职学校和幼儿园），核定的编制数为 31998 名（其中基本编制 27756 名、附加编制 3517 名、机动编制 725 名），比 2003 年核定的教职工数减少了 11184 名，而实有在职在编人员 38300 人，出现了整体超编而事实上教师不够用的现象。2012 年新的编制标准出台后，相关编制标准未能落实，按 2012 年新的编制标准测算缺编 3722 名。再如环江毛南族自治县，据统计，目前该县共有适龄幼儿 14000 多人，约 400 个幼儿班，按标准编制至少需要 500 名学历、专业符合要求的专任教师。而目前全县幼儿教师仅有 60 多个编制，已经建成的乡镇中心幼儿园面临着无法落实专任教师编制的问题。

这种情况是主客观多方面的原因造成的。一是 2012 年编制文件未执行。2012 年广西制定的中小学教师编制标准未能执行，而 2010 年按桂政办发［2002］137 号文件的编制标准核定的中小学教职工编制比 2003 年核定的编制还少 2 万多；二是有些地方存在“有编不补”的情况。根据自治区编办统计数据（截至 2014 年底），全区空编数是 3.36 万名，梧州、北海、贺州、来宾等市空编率超过 10%。三是农村学校的特点是点多面广，学校规模和班额普遍偏小，办学形式分散，学校服务范围大，近年来寄宿制学校学生数量增加，教职工需求量增大。如上林县有乡村边远山区教学

点70个，这些教学点中，学生数不足21名的有41个，教师配备绝大多数为1名。为保证教学的正常运转，根据班级情况，每个教学点要配备2—4名教师，共约280名教师，但目前只有70多名教师；四是教育课改新增了许多教学科目及内容，如信息技术、心理辅导、小学英语以及高中学校课改开设通用技术、艺术、综合实践活动课程等，另外，网络管理，校园安全管理，推行小班化教学使得教师需求量大大增加；五是非户籍就学学生持续增长，解决农民工子女在城市的入学，城市中小学校校舍设施面临严峻考验的同时，城市中小学教师也出现严重不足；六是乡村教师补充难与教师流失并存。乡村教师一般教师补充困难，而英语、音、体、美教师补充则更加困难，一些市公开招聘教师时，几经放宽开考条件，仍不能完成招聘计划。同时，教师流失严重，河池市近年来教师流失人数626人，其中幼儿园12人，小学367人，初中192人，普通高中39人，中职学校15人，特殊教育学校1人；六是幼儿园教师从未核定编制。自治区“幼儿教育三年行动计划”要求每县市区要建设一所示范性幼儿园，每乡镇建设一所公办中心幼儿园，仅桂平市需增加乡镇中心幼儿园人员编制816名（含市机关幼儿园62名）；后勤服务人员控制数530名（含市机关幼儿园36名）。

（二）教师队伍素质有待提高，教师培训面临困境

一是幼儿园教师（包括保教人员）素质整体偏低。根据2013年的统计数据显示，全区公办幼儿园专任教师仅占幼儿教师总数的18.5%，这意味着绝大部分的幼儿教师从教前都没有受过专业、系统的学习和培训。民办幼儿园因工资待遇普遍偏低，流动性大，不得不采取自主聘用无教师资格人员的途径来保障正常的教育教学工作，教师素质令人担忧。这两年广西加强对学前教育发展的力度，幼教队伍有所改观，但情况也不容乐观。如环江毛南族自治县，目前该县除公办的环江县幼儿园、洛阳镇中心幼儿园教师学历合格率较高外，民办幼儿园教师学历合格率不足三成。二是部分地方由于编制紧张，长期使用临聘人员。如桂平市农村中小学校聘请临时顶岗教师达1374名（其中历史遗留问题代课人员104人，临时顶岗代课人员636人，各乡镇学校自聘临时顶岗代课人员634人）。三是壮汉双语教师业务水平不高。调查中发现，很多教师、群众思想认识不到位，不明白

民族学生文化背景和语言特点对教育教学质量的影响，认为学习壮文无用，使得对双语教育的积极性不高。重要的是，各地的壮汉双语师资力量严重不足。例如忻城县，该县实施双语教学的班级一共是6个，一、二、三年级各2个班，学生数242人。双语专任教师没有，兼任教师3人。学校单靠外出学习的教师回来带动其他教师，这远远满足不了学校双语教学的要求。四是职教专业教师缺乏。广西壮族自治区集老、少、边、山、穷为一体，职业教育办学条件不足，全区76个县级职教中心校舍面积缺口360万平方米、图书缺口480万册、实训设备值缺口3亿元。加之职业教育吸引力不足、教师待遇低、工作环境不够好、个人发展空间小等原因，难以引进专业教师。现有教师很多是从小学或初中调进的，整体素质难以适应职教发展的需要。在编的职教教师普遍缺少生产一线的实践经验，专业技能和实践教学能力偏弱。五是教师队伍结构性短缺。全区音乐、体育、美术、信息技术、英语、心理健康等学科专业教师较紧缺。由于工资待遇等多方面的原因，这方面在岗的专任教师更容易流失。另外，乡村教师有一部分是由民办转为公办，学历层次低、专业知识单一，转岗也比较困难。

加强教师培训是提高教师队伍素质有效措施之一。2010年以来，广西壮族自治区对在职教师的培训力度逐年增大，取得了一定的成效。但从目前情况来看，仍然无法满足当前教师队伍提高素质的需要。一是培训效果不显著。很多培训以网络培训为主，培训效果低。教师最乐于接受一线专家型教师的集中面授，但承担培训任务的专家数量有限、专家水平也有限。二是培训机会整体不够。乡村教师接受国家级、省级培训机会较少，市级培训力度不够，少部分县还未启动教师培训工作。双语教师、职教教师的培训机会与实际需求相比，明显偏少。三是工学矛盾存在。乡村教师任课课时多，教学和培训间工学矛盾存在，特别是在乡村教学点这种矛盾尤为突出。广西壮族自治区各县受地域的影响，办学形式分散，教学点多，单环江毛南族自治县小学阶段就有45个教学点。这些教学点中不乏“一师一校”的情况，一名教师既要承担教学工作，又要充当厨师、敲钟员，甚至还要充当学生回来路上的接送人员。这个教师如果外出培训，整个教学点就只能停课。

（三）乡村教师收入与付出不成正比，尊严感荣誉感不强

教师工作负荷重，压力大。乡村教学点老师通常要负责四五门甚至更多学科的教学任务，任务重的每周达30个课时。乡村贫困儿童多、留守儿童多，进一步加重了教师负担。个别学生还带着弟弟妹妹来学校吃住。不少老师是“两师两员”，上课是教师，开饭是厨师，课外是心理辅导员，晚上是寝室管理员，天天疲于奔命，身心压力巨大。

工资收入低，待遇保障差。与当地外出务工人员比较，乡村教师工资水平比当地外出务工人员收入还少；与公务员比较，因为部分县年终一次性奖励只发给公务员，教师等事业单位不享受，因此乡村教师的收入实际上低于当地公务员平均工资水平。少数县特岗教师待遇政策落实不到位，特岗教师未享受与当地公办教师同等待遇。乡村教师住房困难普遍存在，安置房、周转房等配套设施建设难以满足需求。以桂林市为例，截至2014年12月，各县边远艰苦地区农村学校教师周转宿舍建设项目共投入建设资金7490万元，新建成教师周转宿舍1449套共50715平方米，约占教师住宿比例的8.6%，大部分县区都通过公共租赁住房用于解决部分教师住房问题。除永福、灌阳县通过周转房和乡镇公共租赁房基本解决了乡村教师住房外，其他县区乡村教师住房缺口还较大。

工作任务重、压力大，工资、待遇上不去，直接导致乡村教师尊严感、荣誉感不强，教学积极性不高，因此乡村教师这一职业失去了吸引力，来到乡村的年轻教师很多最后都选择了离开。在职的很多教师因为目前还没有更好的去处，不想轻易丢掉“铁饭碗”，所以选择日复一日、年复一年地待在自己的岗位上，不求进取。在对上林县、忻城县、环江毛南族自治县的问卷调查中，就“您成为一名教师的主要原因是什么”这一问题，仅有8.7%的教师选择的原因是“受人尊敬”，28.7%的教师则选择了“没有其他更好的选择”。

（四）年轻教师难招难留，教师队伍老龄化严重

乡村教师的工作、生活条件较艰苦，加之由于职称聘任难导致工资待遇偏低的原因，不少人“走为上策”，年轻人不想“进来”，即使在大学生就业形势严峻的情况下，招聘补充乡村新教师还是较困难，出现偏远学校

岗位报名人数达不到开考比例甚至无人报名的尴尬现象。如上林县，2015年计划招聘乡镇边远学校教学点教师 15 名，仅有 21 人报名，最后被核减 5 个岗位；计划招聘农村中小学 15 个岗位，因报名人数达不到开考比例，最后被核减 4 个岗位。忻城县 2006 年以来共招聘特岗教师 460 人，均安排在农村中小学任教，目前仍在岗 325 人，流失 135 人，流失率 29.3%。

年轻教师补充不及时，再加之受编制、岗位职数制约，大部分教师几乎一辈子只能在同一所学校任教，教师队伍老龄化现象越来越严重。如上林县三里镇黄境小学有教师 6 人，50 岁以上 5 人，占教师总数 83.3%，最年轻的一位教师 47 岁。再如环江毛南族自治县，目前该县教师队伍平均年龄为 45 岁，50 岁以上的教师占全县教师的 40%，30 岁以下的教师仅占全县教师的 9%。

（五）缺乏合理的激励机制，教师队伍意见大

合理的激励机制能有效地激励教师投入教学活动中，提升教育教学质量，然而在调查中我们发现，有几个因素已经严重影响到了教师的积极性，为此教师队伍意见较大。一是乡村教师补助问题。2014 年广西壮族自治区开始实施乡村教师生活补助计划，体现了国家和自治区对农村教育的重视和关心。但实施过程中出现了一些问题，一方面生活补助覆盖面小、补助标准低。自治区 110 个县仅有 29 个县 3.7 万人纳入国家奖补范围，占全区农村教师的 13%。另一方面生活补助发放不合理。自治区镇与乡建制几乎没有差别，乡有补助而镇没有补助，县城周边教学点各方面条件好却有补助而远离县城的乡镇没有补助，教师意见大。如上林县乔贤镇距离县城 50 公里，澄泰乡距离县城 8 公里，澄泰乡中心学校享受乡村教师生活补助，乔贤镇中心学校因政策不能纳入补助范围。二是工资总量偏低，绩效工资激励作用不强。目前全区教师工资仍然偏低，奖励性绩效工资的总额不高，从中拿出的用于激励调节的数额有限，加上奖励性绩效工资分配方案很难满足所有人的需求，造成义务教育学校实施绩效制度后的激励效果不显著。三是岗位设置结构不合理，评聘矛盾突出。乡村学校中、高级岗位设置比例偏少，评聘矛盾突出，很多教师有中级或高级职称，但没有相应岗位，无法聘用。如恭城县，中级有 336 人未能聘上，高级有 133 人未能聘上。于是也出现了高职低聘现象，据统计，全区乡村中小学中级岗位

核定7.88万个，实聘8.08万人，获得中级职称10.34万人，已评低聘人员2.89万人。由此出现教师整体平均工资待遇无法提高，这也是调研过程中教师们反映最多的问题。四是交流轮岗、走教支教方面的问题。交流轮岗、走教支教在自治区已经取得了一定成效，但在实施过程中又出现了一些新问题。如支教教师的选择，应更多地选择英语、信息技术、音体美等紧缺学科教师开展轮岗支教，而实际上这些学科的教师本身就偏少，有些学校难以抽调教师参加轮岗支教；再如走教支教教师的补助金额各地不均衡问题，交流轮岗后校长、教师没有同级别岗位的问题，这些都是客观存在的，有待合理解决。

五、进一步加强乡村教师队伍建设的对策和建议

（一）“三多”确保乡村教师“招得到、留得下、教得好”

1. 多想办法多种措施，用待遇条件、发展空间吸引新教师

一是政府尽快出台高校毕业生到乡村学校任教的政策。在校学生都有一腔热情、一身本领，准备到各自岗位上大干一场，如果政府能有吸引他们的优惠政策，他们愿意来到乡村任教，那么首先就下赢了第一步棋。自治区政府可以从入学开始加大宣传，对于愿意到乡村任教的学生可以分年度为其代缴学费，毕业后可以直接转正定级，转正定级时薪级工资高定1级，并确保到校任教后的生活、培训、补助问题落实到位。二是加强乡村教师“本土化”培养力度。根据调查发现，能留在乡村教书的大部分都为本县或邻县的人，这部分教师就是乡村教师的骨干力量，因此区政府可以实行定向招生定向分配，确保他们能扎根乡村。三是召开乡村教师专场招聘会。专场招聘会可以在本县开，在本区开，也可以在外省市开，对于具备能力的学生、社会人员可以当场签约。对于已成家人员，可以考虑通过解决配偶工作、解决孩子上学等问题，吸引他们来广西任教。四是继续实施“免费师范生”“全科教师”“特岗教师”培养策略。形成各类型、各学段、各学科教师培养体系，在一定程度上缓解乡村教师总量不足、结构性短缺问题。五是尝试专场乡村教师招考会，所招考的教师只安排在乡村任教。

2. 多方努力营造尊师重教的气氛，让在岗教师乐意留下

一是地方政府应带头营造乡村社会尊重教师的氛围，使教师自豪地生活在乡村社会，身心有归属感。教师作为知识分子，有物质方面的需要，更多的是精神生活的需求，迫切希望得到大众的认可和尊重。尊师重教是中华民族的优良传统，若营造一个尊师重教的社会环境，让教师能抬起头、挺起胸、大步走，让教师遇到更多的问候、笑颜、赞美，这或许可以带来更醉人的、物质条件所不能及的满足感和自豪感，更有利于乡村教师扎根乡村。二是加大典型人物的宣传，传播教师队伍的正能量。扎根乡村，奉献教育的典型案例并不少，如上林县的石兰松老师，蓝金威老师，他们不顾生活的艰苦、环境的恶劣，始终以校为家，坚守岗位，心甘情愿地为学生、为教育事业奉献心血。政府应加大这方面的宣传，树立教师光辉而伟大的形象，让优秀教师的感人事迹渗透每个人的心田，从而感染和影响每个人。三是与乡村教师感同身受，用情感留人。很多乡村因为地处偏远、交通不便，文化生活贫乏，教师容易感到孤独。特别是"一师一校"教学点的教师，他们日常生活、教学都是一个人，虽然感到孤独，但还是选择"坚守"，这在很大程度上源于他们对乡村、对孩子的一份朴素情感。与这些教师感同身受，尊重他们的情感，进而用情感留人，让浓厚的乡风习俗感动教师的心，使教师感到任教的山村就是第二故乡，学校就是第二个家。四是建立乡村教师荣誉制度。对在农村地区长期从教、贡献突出的教师、教育工作者加大表彰力度。区政府设立区级优秀乡村教师表彰奖励制度，定期评选表彰一批优秀乡村教师，编写他们的优秀事迹，组织宣讲。五是鼓励和支持民众通过自筹资金建立民间教育基金会，用于对优秀教师进行奖励，钱的多少不重要，重要的是民众对于教师的这份肯定。

3. 多机会多形式的培训，提升乡村教师队伍素质

一是针对教学点的教师难以抽身参加培训的情况，可以事先协调，提前做好教师替岗安排，如"走教支教"计划提前考虑教学点教师参与培训的情况。或者采取"送培到校"，请专家一线的教师组成团队，轮流对教学点的教师进行培训，解决他们眼前最需要解决的教学疑问或困惑。二是从未来趋势上看，小规模乡村学校将会长期存在，"全科教师"符合乡村学校的教学实际需求，可以多组织教师参与"全科教师"的培训和学习。

三是以年轻教师为主力，以培养一专多能的乡村教师为目标，联系地方院校或其他培训机构，加大“一专多能”教师的培训力度。四是以县级培训为重点，建设好县级培训机构，充分发挥其作用。教师培训包括“国培”“省培”等，但实际情况是大部分教师都只能参加“县培”，可以说“县培”最贴近广大乡村教师，因此应重点建设好县级教师培训机构，以县级培训机构为主体，同时整合电教、教研等部门的力量。五是探索适应乡村教师专业发展的个性化培训方案，打造适合乡村教师的培训内容和特色培训方式。乡村教师的培训应该遵循“按需培训”的原则，既应结合乡村教师的素质现状来考虑内容设置的客观需求，又应考虑乡村教师对培训内容的主观需求。如班级管理、留守儿童教育、课堂突发状况处理、网络信息与现代教育技术的应用等内容的培训，都是乡村教师所需的。相对集中授课培训而言，乡村教师更喜欢案例式、情景式、参与式、实战式的培训方式。就对培训者的选择而言，乡村教师更乐于接受专家型一线教师的培训。培训负责部门可以考虑建立师资培训专家库，既要聘请理论功底扎实、熟悉乡村教师培训特点的学科专家为特聘教授，发挥专家的引领作用，也要聘请教学经验丰富的一线优秀教师为教学骨干，发挥示范作用。

（二）三个“创新”改革乡村教师队伍的激励机制，激发乡村教师队伍活力和积极性

1. 创新管理体制

目前，教师的招聘、调配、交流分属不同部门管理，多头管理问题突出。如招聘过程中，学校没有自主权；市县教育行政部门作为用人单位基本没有权力根据教育教学工作实际需要合理调配教师；中小学教师招录考试内容基本上与教育教学工作无关，不利于学校的选人用人等。可以以实行“区考县管校聘”的管理体制为突破口，激发教师队伍的活力和积极性。“区考”即自治区级统一组织教师招聘考试，确保录用合格的教师。“县管”即县级教育行政部门统一履行对中小学教师的公开招聘、岗位设置、职务评聘、培养培训、调配交流和考核等管理职能，实行人事编制事项报备制。“校聘”即学校与教师签订聘用合同，负责教师的日常管理和使用。“区考县管校聘”的管理体制，变教师的单位所有制为区域共享机制，“县管人员身份、学校合理使用”，实现教师由“单位人”向“系统

人”的转变。实行“区考县管校聘”，可以实现编制“总量控制，动态调控”，打破教师流动的体制障碍，促进县域内教师统筹派遣、交流轮岗、统一配备；可以减少教师在岗位设置、职务评聘、培养培训、调配交流和考核等方面的矛盾；可以实现教师待遇、编制标准、岗位结构比例、招考聘用、考核办法、退休教师管理服务等多方面的统一。

2. 创新编制管理

乡村学校小型化现象客观存在，如果按现有师生比标准配置教师，小规模乡村学校教师数量将长期处于紧缺状态，因此，合理的编制管理势在必行。一是开展教师编制人事专项治理，对“有编不补”、被占用挪用的教师编制及人员进行清理。二是依据国务院办公厅印发的《乡村教师支持计划（2015—2020年）》关于中小学教师编制的规定，编制部门按照生师比和班师比重新核定中小学教师编制。三是尝试建立区、县、乡镇各级编制动态管理机制。自治区出台区域内编制动态管理办法，编制部门根据学生流动情况、空编情况，调整编制，提高编制使用效率，想方设法盘活现有编制资源；建立县域内编制动态管理机制，在核定中小学教职工编制总量的前提下，县级教育行政部门会同有关部门根据学生数变化和示范学校、寄宿制需要，及时调整教师编制分布；建立乡镇内编制动态管理机制，编制统一归乡镇中心学校管理，方便乡镇中心学校根据本乡镇各村校教师缺员情况，均衡各村校教职工配置，确保各村校教师队伍结构合理。

3. 创新人事管理

一是建立乡村教师职称评审普惠制度。实行以聘代评，凡在乡村学校任教5年即可获得中级职称，15年即可获得高级职称。其他中小学教师评定高级职称，必须在农村任教连续1年。中小学教师评定高级职称乡村学校必须占总量的50%。二是实行岗位聘用倾斜制度，凡在乡村学校任教的教师，可以按职称全员入岗，不再受岗位数限制。三是规范聘用乡村教师管理，出台聘用教师管理办法，明确聘用乡村教师享受同级同类教师待遇，将现有乡村学校聘用教师经考试后纳入“非实名编制”管理。四是出台“非实名编制”人员人事管理制度，将“非实名编制”人员纳入事业单位人事管理体系；五是制定绩效工资倾斜政策，乡村教师除享受现有的绩效工资外，另外设置一定比例的绩效奖励；六是实行乡村教师平均工资水平和公务员平均工资水平公示制度，做到信息公开、透明管理。

（三）"一完善"努力消除乡村教师面临的各种顾虑

完善乡村教师保障机制，切实解决乡村教师关注和有顾虑的问题。一是加快乡村教师周转宿舍建设。加大资金投入，确保每一位乡村教师都能解决周转宿舍问题。在周转宿舍无法及时增补时，可以货币方式改善教师生活条件。二是完善乡村教师补助政策。鉴于广西壮族自治区贫困县较多、镇与乡的贫困情况相当等情况，建议结合实际建立分级分类补助体系，将所有乡村教师都纳入补助范围。三是探索建立乡村教师救助机制。在国家级扶贫开发县探索建立乡村教师救助机制，当教师遭遇自然灾害、重大疾病、突发事故等情况时，给予一定金额的救助金。四是完善交流轮岗、走教支教激励保障政策。区级层面，加强区级统筹，合理选派教师，积极筹措选派经费；明确职责分工，规范支教管理，切实加强考核工作。县级层面，一方面建立完善刚性约束机制。县域内每年义务教育阶段教师交流人数占义务教育阶段教师总数的比例应不低于5%，城镇学校、优质学校每年教师交流轮岗的比例不低于符合交流条件教师总数的10%，其中骨干教师交流轮岗应不低于交流总数的20%。另一方面完善保障机制。校长、教师轮岗到乡村学校工作，保留其在原学校所聘教师职务等级，具备中、高级教师职称资格未聘任相应职务的教师，交流到乡村学校，可优先聘任相应职务，城区学校交流到乡村学校的教师，在乡村学校任教满3年，表现突出的，可在同一专业技术岗位等级内高聘一级。

（四）"一高度"延续乡村教师队伍的可持续发展

习近平同志指出："各级党委和政府要从战略高度来认识教师工作的极端重要性，把加强教师队伍建设作为基础工作来抓，满腔热情关心教师，改善教师待遇，关心教师健康，维护教师权益，充分信任、紧紧依靠广大教师，支持优秀人才长期从教、终身从教，使教师成为最受社会尊重的职业。要制定切实可行的政策措施，鼓励有志青年到农村、到边远地区为国家教育事业建功立业。"李克强同志也指出，乡村教师扎根农村，甘于清贫，不计名利。正是他们无怨无悔的坚持和付出，才使知识的甘露遍泽祖国的每个角落，让农村孩子和城里孩子一样受到良好教育，也让众多贫困家庭拥有过上更好日子的希望，这也是缩小城乡区域发展差距、逐步实现共同富裕的关键之举。强国必先重教，重教必须尊师！各级党委和政府都要把兴学育才作为为政之先，一如既往地重视教育发展，无论财政收支压力有多大，对教育的支持力度不会减，向教师队伍倾斜的政策不会变，建设教育强国的决心不动摇！党和国家政府一直高度重视教师工作，乡村教师作为乡村儿童和少年的榜样和领路人，是乡村教育的灵魂，其重要性更是不可取代。自治区政府要从战略高度来认识乡村教师工作的极端重要性，把加强乡村教师队伍建设作为基础工作来抓，满腔热情关心乡村教师，改善乡村教师待遇，关注乡村教师健康，维护乡村教师权益。教育项目、经费向教师队伍工作倾斜，教师队伍建设项目、经费向乡村教师倾斜。区财政设立乡村教师专项资金，确保乡村教师各项工作顺利开展。杜绝地方行政不作为，切实落实好乡村教师支持计划，使广大执教在乡村的教师受尊重、有回报、得发展。

案例二：加强顶层设计　实现中小学教师支教走教全覆盖

——广西的经验与做法

根据教育部、财政部工作部署，从2013年秋季学期起，广西壮族自治区积极开展“三区”人才支持计划教师专项计划（以下简称“三区教师专项计划”），落实教师选派和培训任务。2014年7月，广西壮族自治区进一步加强统筹规划，结合三区教师专项计划，启动实施了中小学教师支教走教计划，扩大支教工作覆盖面、推行紧缺学科教师轮岗走教，实现中小学教师支教走教县县全覆盖。

一、项目实施情况及主要成效

（一）实施情况

截至2015年春季学期，广西壮族自治区下达选派工作经费6205万元，其中中央资金2980万元，自治区资金3225万元。选派支教走教教师8391人次（1位教师支教一学期按1人次计算，下同），其中安排到“三区”

县支教3195人次，到非“三区”县支教2210人次，全区紧缺学科走教2986人次。支教走教学段集中在义务教育阶段，累计选派8100人次；选派到非义务教育阶段支教291人次。支教走教教师主要从县级教学质量较好的学校派出，累计派出7617人次；从地市以上城市学校派出774人次。此外，广西壮族自治区还依托“国培”计划，安排专门指标，每年为150名“三区”县骨干教师开展了3个月的专门培训。

2015年秋季和2016年春季学期，广西壮族自治区计划选派支教走教教师8484人次，安排选派工作经费5382万元。目前已下达资金4297万元（其中中央资金已下达1100万，自治区资金3197万已全部下达到位），各市正组织开展选派工作。

（二）主要成效

1. 缓解农村学校师资紧缺

支教学科涵盖语文、数学、英语、思想品德、物理、化学、生物、地理、历史、自然科学、音乐、美术、体育、学前教育、信息技术、通用技术、汽车修理等30多个学科，有效缓解了农村学校师资尤其是英、体、美、音等师资紧缺和无法开齐课程等压力。

2. 提高农村教师队伍素质

支教走教教师通过组织集体备课、举办讲座、上研究课、指导当地教师申报课题等多种教研活动，将先进教育教学管理经验与理念带到农村学校，提高了农村中小学教师队伍整体素质和学校教学质量。

3. 推动义务教育均衡发展和教师轮岗交流

实施支教走教计划，为校长教师轮岗交流积累了实践经验，为推动广西壮族自治区义务教育均衡发展提供人才支撑。如柳州市、贵港市、北海市在总结支教走教工作的基础上，研究出台了全市的中小学教师队伍轮岗交流工作方案。支教走教也促进完善了城乡之间的结对帮扶机制，如玉林市容县、玉州区等通过支教，在城乡学校间建立了结对帮扶关系。

二、主要做法

在推进支教走教工作中，广西壮族自治区的主要做法是：

（一）加强省级统筹，积极筹措选派经费

自治区党委、政府历来高度重视教师队伍建设。在经济社会发展中，坚持把教育摆在优先发展的战略地位；在教育事业发展中，坚持把教师队伍建设摆在突出位置。国家“三区教师专项计划”政策出台后，广西结合自己的实际情况，决定利用中央政策，扩大实施支教计划，启动教师轮岗走教项目。2014 年 1 月，自治区党委、政府召开全区教育发展大会和全区教师工作会议，出台了《中共广西壮族自治区委员会 广西壮族自治区人民政府关于加快改革创新全面振兴教育的决定》和《广西壮族自治区人民政府关于加强教师队伍建设的意见》等一系列重要文件，明确把三区教师专项计划等轮岗走教工作作为缓解师资紧缺、推动教师轮岗交流的重要抓手，列入广西教育振兴八大行动计划，每年自治区本级安排专项经费 3000 万元用于支教选派工作，有力地保障了项目的实施。

（二）明确职责分工，建立各级联动的工作机制

为贯彻好三区教师专项计划等轮岗支教政策，自治区、市、县三级联动，明确任务分工，狠抓工作落实。自治区、市、县成立领导小组及办事机构，分级负责，责任明确到人，畅通上传下达的联系渠道，确保各项工作顺利实施。自治区级主抓顶层设计，以自治区党委组织部、教育厅、财政厅、人力资源社会保障厅、扶贫办的名义印发实施办法，提出目标要求，分配选派指标，并协调落实相关经费。市级注重组织协调，根据自治区分配的选派指标，因地制宜，自主确定市市交流、市支持县、县支持乡等多种选派方式，并明确具体选派任务。县级负责日常管理，为支教教师协调提供必要的工作和生活条件，并做好跟踪管理和期满考核工作。

（三）创新支教模式，扩大支教覆盖面

1. 创新支教模式

根据广西壮族自治区音体美等学科教师紧缺的实际情况，广西壮族自治区每年从教育质量较好的中小学选派英语、体育、艺术、音乐、美术、信息技术等紧缺学科优秀教师 2000 名左右，除完成原单位教学工作外，到乡镇及以下学校（2 所学校及以上，不包括本人所在学校）开展轮岗走教，

并按每年人均不低于1万元的标准给予选派工作补助。

2. 扩大支教覆盖面

广西集老、少、边、山、穷、岛为一体。许多非三区县与三区县山水相连，教育发展水平同样薄弱，教师紧缺问题同样严峻。因此，广西壮族自治区将支教工作从三区县扩展到全部市、县（区），重点向贫困地区农村学校倾斜。每年从县级及以上教育质量较好的学校选派优秀教师2000名左右，到乡级及以下学校支教，并根据支援学校的边远艰苦程度，分不同档次给予选派工作补助（到“三区”县支教的，每年人均2万元；到“非三区”县支教的，每年人均不低于1万元）。

（四）规范支教管理，切实加强考核工作

自治区出台了政治保障和经费保障措施，制定了《三方协调书》《考核鉴定表》《支教证明》等模板，明确了资金使用、日常管理、期满考核等工作要求，进一步加强支教走教规范管理。

1. 签订三方工作协议书，规范选派行为

各市对自治区制定的《协议书模板》细化完善，并督促派出方、受援方、选派教师签订三方协议，切实保障选派各方的利益。

2. 制定经费使用方案，确保资金使用合法合规

各市按要求制定方案，明确资金发放和管理办法，确保专款专用。

3. 加强日常管理

各市按要求为选派教师购买意外保险后，自行确定教师派送事宜，确保支教教师按时到岗。如，柳州、桂林等市由市教育局统一带队送支教走教队员到受援学校。到岗后，由受援县教育局为支教教师协调提供必要的工作和生活条件。在岗期间，市、县两级加强对选派教师的跟踪管理，及时了解思想动态并解决实际困难。

4. 规范考核工作

服务期满后，受援县对选派教师进行期满考核，按自治区制定的模板出具《考核鉴定表》《支教证明》等。

5. 完善激励机制

除享受选派工作补助外，支教走教经历视同城镇教师到农村教育工作经历，在工资、职务（职称）晋升、计算基层工作经历、研究生考试时予

以倾斜。受援县教育局可根据选派工作期间业绩表现、群众认可及受援学校考核推荐结果等确定支教考核优秀人员名单（不超过支教总数的15%）并予以公布，部分县区还从选派经费中预留部分资金给予表彰奖励。此外，广西壮族自治区加强宣传，通过教育网站、报刊等对支教走教教师先进事迹进行宣传报道。

案例三：四招好棋　满盘皆活

——内蒙古乌兰浩特市深化办学体制改革促进教育均衡发展的做法

义务教育均衡发展是实现教育公平的根本，如何下好教育均衡发展这一盘棋，切实解决好“有学上”和“上好学”的矛盾，成为当前摆在面前的紧迫任务。乌兰浩特市坚持“遵循规律办教育、遵守规范干教育”的理念，不断深化办学体制改革，破解症结难题，在办学体制、队伍建设、特色打造等重点领域取得了新进展，在师德建设、作风建设等难点问题上有了新突破，在控制择校、择班等热点问题上实行了“热点校瘦身”“阳光分班”新办法，集团化办学、片区联合办学、普职联盟办学和内引外联“联姻”办学“四招好棋”，盘活了义务教育均衡发展这盘棋。

一、乌兰浩特市教育基本情况

乌兰浩特市现有中小学35所，其中小学23所、初中9所、普通高中2所、职业高中1所。公办幼儿园37所，其中城区5所、农村32所。另有教师进修学校、少年宫、教研室各1所。中小学在校学生35463人，教职工3692人。

二、“片区办学联合体”促进名校与薄弱学校协同发展

通过以“名校+农村学校”“名校+薄弱学校”的方式，以市区名校为龙头，整合农村中小学校的教育资源，组建了10个片区联合办学体，也称联盟校。联盟校之间实行“管理互通、研训联动、质量同进、文化共建、

项目合作、捆绑考核”六大行动，实现师资、文化、管理等优质教育资源共享。在管理上，联盟校校长到对口学校值周管理、中层干部挂职学习等，增进管理文化共融；在教学上，片区联合办学体内建立起有效的教研活动机制，共同研究制定活动内容，定期开展相关活动，探索集体备课和教科研合作新模式，全面开放了学校教育资源，扩大优质教育资源的覆盖面；在师资培训上，联盟校采取“校长+教师”“骨干+新秀”的模式，实行区域内师徒结对、跨校授课、开放课堂、外出培训等有力措施促进教师资源的均衡。五中联盟校是10个片区联合办学体之一，该联盟校仅2015年联合教研累计达82次之多。“联盟校同课异构公开赛”“教师读书交流会”使联盟校教师的教育教学水平得以迅速提高。一年来，10个联盟校外派教师320余人次，先后到天津大港五中、清华附小等全国名校学习。捆绑式培训为各校的教科研以及学校的同步发展开了好头，这种同学、同思、同研、同提升的做法，为不断缩短校际师资差异做了积极有益的探索。片区办学联合体模式实施近两年来，全市已有26所中小学形成了捆绑式、滚动式发展的良好态势，使17所薄弱学校或农村学校15000多名学生成为最大受益者。这一举措得到了社会各界的关注，尤其得到了家长们的认可，到热点校“借读”的学生纷纷回流，与2014年同比，2015年秋季入学回流到17所薄弱学校或农村学校的学生达534人，切实让更多的家庭享受到办学体制改革的红利。

正是有了“片区办学联合体”模式的成功经验，我们将此模式复制到城乡公办幼儿园均衡发展上。在“十个全覆盖”工程中，乌兰浩特市为农村建设了32所幼儿园，目前已全部投入使用。建好幼儿园后，如何确保农村孩子在家门口就可享受到和城市幼儿一样的教育，市教育局进行了反复调研、论证，在做细、做实、做好上力推新举，出台了《关于农村幼儿园办园体制改革的实施意见（试行）》。2015年10月组建了第一幼儿园、和平幼儿园、都林幼儿园、河东幼儿园4个城乡一体化管理的幼教集团，幼教集团实行“总园+分园”的管理模式，分园隶属总园管理。城区幼儿园发挥教育资源优势，通过管理扶持，师资扶持，资源扶持，帮扶集团内农村幼儿园快速发展。市教育局对幼教集团实施“捆绑式”管理考核，为全市幼儿教育优质、均衡发展提供了保障。

三、“集团化办学”促进名校与薄弱学校抱团发展

集团化办学是建立在片区联合办学的基础上更深层次的联合办学模式。2015 年 8 月，乌兰浩特市兴安二小、五一小学、永联一小成立了兴安二小教育集团。兴安二小与永联一小实行“片区联合体”模式。而兴安二小与五一小学则实行“一体化”管理试点，即，兴安二小为集团总校，五一小学为兴安二小教育集团的“五一校区”。两个校区在深度融合上，采取“五统一”，即“教师统一调配，经费统一使用，制度统一制定，业务统一管理，考评统一进行”。高度统一的一体化管理，使两个校区办学水平、学校管理、教师队伍等都站在了一个新的发展高度同步发展，呈现出前所未有的发展活力。“一体化”管理模式是乌兰浩特市教育在办学体制上的新突破，也是加快乌兰浩特市教育均衡发展、破解“择校热”的又一力举，为促进教育均衡写下了浓墨重彩的一笔。

1. 师资均衡找到了合适路径

家长择校很大程度上就是在择师。如果教师流动问题不解决，教育均衡发展问题就不会取得实质性的进展。“阳光分班”开启了教师交流的序幕。新一年级教师安排是家长最为关切的，开学伊始，兴安二小集团将兴安校区、五一校区的新生依次组成十个班级，两个校区的一年级教师统一调配，通过抽签定位。集团校请来盟市相关领导、新闻媒体、政协委员和人大代表等共同监督，当着一年级全体师生、家长的面举行抽签仪式，由此确定每个班级的班主任及任课教师。抽签后，兴安校区、五一校区分别有两位教师到对方学校跨校执教。跨校兼课是教师流动的另一种方式。过去五一校区一个人需要教六个年级组的课，有的甚至要跨几个学科，负担较重，效率不高。现在每周兴安校区七位教师要到五一校区平均兼课 20 节以上，从根本上解决了这个问题。而且保证了五一校区每个学科都是由专任教师上课，切实提高了教学质量。家长们纷纷表示：“教师统一调配，在哪个学校上学都一样!”师资共享让家长着实看到了两个校区师资是均衡的，对这种办学模式也就高度认可并充满了信心。

2. 管理一体化推进了同步发展

一是“管理一体化”。兴安二小教育集团采取了两个校区派驻执行校长的办法。执行校长在集团总校长的统一领导下分别负责处理各自校区的

日常管理工作，定期召开例会汇报工作情况。执行校长的交叉任职，让校长的思维框架、工作格局等有了一个全新的定位，切实为教师校区间自然流动，打破单位人的固有思维，起到了引领和促进作用。管理中，采取集团化例会制，每月兴安二小教育集团要召开三个校区的领导例会，共同研究集团内部的发展。形成了集团总校长抓大放小、执行校长抓小抓细的工作格局。二是“教研一体化”。两个校区把集体备课当作重点，把火“烧”在了课堂教学上。两个校区的教学领导分别负责一到两个学科的集体备课任务。组织同一学科教师共同钻研教材，商量教学难点、重点的解决办法。雷打不动地落实集体备课的“五定”，（定“时间、内容、主讲人、地点、程序”），使教研同步进行。针对教学中出现的问题以及学生的实际情况，两个校区的教学领导反复研究，商讨对策，及时推出研究课、观摩课解决实际问题，共举行联席会议20多次。另外，实施了考核同步：两个校区一套试卷，统一测试，统一批改，统一质量分析。考评标准统一，让两个校区的教学站在同一起跑线上同步发展。三是“活动一体化”。每月一次班主任培训工作，两个校区的班主任坐在一起共同为解决班级管理中存在的问题献计献策；2016年的艺术节活动，五一校区的全体师生走进兴安校区，一个大集体在同一个平台上尽情展示才华，培养特长，取长补短，共同成长。两校区学生无差别化管理，让学生感受到学习是同步的，活动是一体的，受到的教育是一样的，逐渐消除了互分彼此的芥蒂。

3. 同步研修提升了教师素质

集团校通过各种办法提升教师素质。三个校区以“做中国好老师”为契机，以“弘扬兴二教师精神，做最美教师”为抓手，以“三评两讲一体验”为载体，提升教师的师德品位。更加重视科研兴校，把课题带动作为三个校区联合教研的重要抓手，在以“提高学生学习力”为统领下的四个子课题涵盖所有学科，如“实效学语文”“数学三导互动”“培养实践能力研究和艺术整体推进研究”等共同开展各项教研工作，用课题研究提升三个校区教师的教研水平。同时，集团校更加注重高端引领，如本学期，集团校联系天津大港“名师”王德鹏教授来到集团校，通过听课指导，现场答疑，师徒结对等办法，利用一天时间为集团内三个校区的教师送上了一顿高端、大气的营养大餐。

集团化办学使锦上添花和雪中送炭同时绽放光彩，兴安校区的各位领导责任感和使命感更加突出，统筹兼顾，精细化的运作稳步推进了各项工作，学校面貌显出勃勃生机。它山之石，可以攻玉。五一校区和永联分校教职员工借力助力，信心百倍，努力工作，谱写着学校发展的新篇章。

四、“普职办学联盟”促进高中阶段教育多元发展

为进一步深化普通高中教育改革，探索普通高中多样化发展模式，推动普通高中特色化内涵发展，乌兰浩特市第四中学、职教中心、第十二中学、第七中学四所学校组建了普职办学联盟。办学中，联盟校间积极探索横纵结合的普职联合办学新途径。一是成立“职普融通班”。根据职普融通班级培养目标积极探索相应课程标准，在课程对接、教材开发、教学评价、师资配备、实训调度、技能考核等环节实现资源共享、优势互补。职业学校的实训设施按课改教学需求向对口普通高中的师生开放，对口普通高中与职业学校文化课教研活动相互开放。这个班由普通高中教师传授文化课，完成高中课程的学习，第三年根据学习成绩和学生志愿进行职普分流，一部分继续整理复习参加普通高考，一部分选择一个专业集中强化专业理论，参加职业类对口升学。这样，学生就有了两种身份、两条成才成长途径，从而为学生发展更好地负责。二是进行职普分流。通过宣传和引导，部分乌兰浩特市第四中学高二年级的学生自愿转到职业学校学习一门专业，通过对口升学成长为技能型人才。普职办学联盟的建成，将自治区和兴安盟教育局提出的“高中学生分流”的目标切切实实地落在了实处，也顺应了社会的发展要求。三是对初中生进行职业规划指导。在七中、十二中两所初中开展“2. 5+0. 5”渗透职业教育试点工作，由职教中心定期为其开展职业教育讲座，启发学生的职业生涯规划意识，引导初中生的学习和发展的目标不再以升学为单一目标和出路，而是教育学生多元发展，尤其是鼓励更多不能进入普通高中学习的学生结合自身发展特点和社会需求，合理做出升学选择，选择职业教育，让学生、家长了解社会对职业教育的需求不断增大，职高毕业的学生有一技之长，在谋职上、就业上有一定的优势，出路更广，生活品质更高，从而扭转家长、学生及社会的“教育观”和“人才观”。四是开展教师业务交流活动。四所学校校长定期到对口学校值日交流，领导相互挂职等实现管理互通；高中教师到职教中心“职普融通班”兼课，职教中心专业教师到高中和初中担任“通用技术”、

计算机等课程的任课教师，实现业务互动；联盟校共同开展外出培训及教学研讨等，实现研训联动。

五、“内引外联办学”促进教育高端发展

乌兰浩特市鼓励各中小学联系高端学校和教育平台，四中、十二中、胜利一小、爱国二小等学校拓宽视野、广开门路，纷纷与人大附中、北师大附中等这些教育改革的“排头兵”联谊办学，同时，鼓励学校搭上“全国初中教育委员会”“中国名校共同体”等全国知名教育平台，展开合作交流，对教育教学研究、教师队伍建设、学校管理、学生教育与培养等方面进行全方位的把脉会诊、引领指导，使学校教育教学改革能够及时把握时代的脉搏，把准前进的方向。例如第十二中学借助北京人大附中平台，成功加入“1+1 慕课教育救助”暨双师教学项目。十二中的学生通过网络与人大附中学生同步上课，分享人大附中的课程资源，并与人大附中师生进行互动学习。双师教学项目的实施不仅提高了学生的学业水平和学习兴趣，而且促进了教师业务素质的提升。十二中创新办学模式，除与人大附中建立了帮扶学校关系外，还先后与北京 24 中、天津大港五中、山东济阳竞业园学校、上海沪新中学、沈阳市 134 中学建立了合作学校关系，在学校管理、教育教学研究、学校文化建设及办学特色等方面进行深入交流、合作。学校派出领导和骨干教师到合作学校参观学习，深入课堂听课，参加全国性学术会议，了解中国基础教育最前沿的教育教学思想，目前，十二中班子成员、四分之一的教师到人大附中参加过培训或活动。用人之长、补己之短，拓宽办学思路，是促进教育发展的一条“捷径”，教育发达地区的优质教育资源，正是十二中这类发展中学校需要借助的资源。

乌兰浩特市还通过“深入体验、学习反思、落实行动”等系列活动，组织中小学校长到全国名校挂职锻炼，开展“体验式培训”，要求校长每年必须到一所名校挂职或学习一周，通过一周的体验促进校长的理念转变和理论水平及管理水平的提升。同时，派出教师和学生代表走进名校，开展体验式培训和学习交流活动，拓宽师生视野。2015 年 7 月，乌兰浩特市成功加入“中国好老师”试验区，市教育局积极组织各学校成为“中国好老师”计划会员校和基地校，这将影响和推动乌兰浩特市教育向优质、高端发展。

“四招好棋，满盘皆活”，乌兰浩特市办学体制的改革缩短了校际的时空距离，优质教育资源走出围墙，薄弱学校主动作为，全市教育工作者锐意改革，创新突破，以坚韧的执行力和锲而不舍的奋发精神，开创出一条富有特色的内涵发展之路，谱写了一曲曲教育均衡发展的交响曲，让老百姓“好学校就在身边不再是梦”的美好愿景逐步得以实现！

案例四：“抓住心”“兜住底”

——内蒙古兴安盟中等职业教育提升办学吸引力的做法

教育部等六部门联合印发的《现代职业教育体系建设规划（2014—2020年）》指出：“加强中等职业教育基础地位，将普及高中阶段教育的重点放在中等职业教育。今后一个时期总体保持普通高中和中等职业学校招生规模大体相当。”为确保每一名初中毕业生都有机会接受高中阶段教育，能就业，就好业，中等职业教育要“全兜底”。但是由于众多家长“学而优则仕”思想根深蒂固，望子成龙；许多初中生认识盲目，对中等职业教育存在偏见；再加上高职高专等大学录取线过低等因素，使一些学生心存侥幸，求关系，找门路，也要上普通高中。有的虚荣心作怪，宁可辍学也不上中职读书。中等职业教育要发挥兜底作用，就必须打消这些疑虑，让学生和家长对中职有一个正确认识。近几年，内蒙古兴安盟以提高办学质量为核心，千方百计提升职业教育吸引力。确信“抓住心”，才能“兜住底”。具体做法是：

一、调整专业布局，用特色品牌提升吸引力

兴安盟统筹6所中等职业学校专业设置，根据当地产业特点，瞄准市场需求，按照错位发展原则，进行专业布局调整。全盟由2014年的33个专业调整到现在的14个，每所学校重点建设了2—3个精品专业，特色品牌专业提升了学校办学质量，吸引了优秀学生，发挥了人才集聚效应，涌现出了科右前旗民族职高、兴安盟职教中心、乌兰浩特市职教中心等国家、自治区中等职业教育改革发展示范校。2015年全日制在校生达到12089人，比2014年增加1545人，招生增量和职普比均由自治区12个盟

市的第 9 位上升到第 4 位。2016 年兴安盟成功承办了全区中等职业学校技能大赛。全盟 136 名选手参加了 9 个专业大类 38 个赛项的比赛。97 名选手在 37 个赛项上获奖，选手获奖率为 71. 3%，其中一等奖 20 个，二等奖 29 个，三等奖 24 个，一等奖和获奖总数均列自治区第 2 位，创历史最好成绩。

为满足学生学习其他专业的需求，兴安盟用社团形式加以补充。目前，全盟共有专业社团 50 余个，学生根据兴趣自主选择专业社团。每周两个下午进行走班制社团活动。社团成为灵活有效的补充专业。此外，兴安盟还设有文学艺体、职业法制、创新创业等活动社团。丰富多彩的活动社团成为学校重要的德育载体，兴安盟通过每年一度的文明风采竞赛检验社团成果。活跃的社团文化促进了人与人之间的交流，融洽了关系，特别是缓解了高一新生中考失利的压力，使他们不再消沉，增强了自信，开始了崭新人生。富有活力的社团活动使学生“学会一门技能，带走一个特长”。

二、明确出口方向，用通畅出口提升吸引力

出口决定入口。中等职业学校的开学第一课，就明确告诉学生来到中等职业学校有三个通畅的出口：一是实现升学梦。学生进入中职学校上学，除语数外基础学科不荒废外，还强化专业课程和技能考核，学生通过对口升学同样可以考上理想大学。近两年，全盟有 7 名学生通过对口升学考入了西北农林科技大学等 985、211 重点建设学校，6 名学生成为全区畜牧兽医、财会、学前教育等专业对口升学状元。专科上线率稳定在 98%以上，本科上线率达到 30%，帮助学生实现了升学梦。二是实现创业梦。积极融入大众创业、万众创新的伟大实践，为有意创业当老板的学生搭建平台。聘请盟内外 6 名优秀毕业生进校园讲述创业故事，介绍创业经验；观看兴安电视台为我们量身定制的《大众创业，职教为先》创业典型专题片；各企业、工业园区常年面向学生开放，学生经常与企业家面对面；到创业孵化基地顶岗实习；利用电子商务创业实践平台进行创业培训；开设创新创业课程，培育创新精神，开展创新大赛，多措并举圆学生创业梦。涌现出了在云南西双版纳自主创业，年收入超百万的朱氏兄妹等。三是实现就业梦。近年来，全盟中职学生就业率始终保持在 96%以上。中职学校各精品专业都背靠一个行业，至少依托 2 个企业，采用订单培养、校企协

同育人等方式促进学生稳定就业。如：科右中旗汽修专业 2015 年 36 名毕业生全部被企业抢走，经走访科右中旗全部汽修企业，仅 2016 年需要汽修技能人才就达 380 人，出现供不应求的就业局面。

三、实施灵活学制，用终身服务提升吸引力

中职学校的学生大多对学习文化课没有兴趣，坐不住板凳；中职学校的专业，许多经过理论学习、实践教学、顶岗实习，用不了 3 年就可就业。一位成熟的汽修师傅说："一个汽车维修工从学徒到上岗成为熟练工仅需 8 个月。"因此，没有必要非要等学生在校学习 3 年再毕业。兴安盟允许学生在学校考核合格的前提下随时毕业，也允许学生随时返校再学习。因为学生在校学习期间，正值青春期，茫然、浮躁不可避免。学生真正步入社会，走上工作岗位，会发现新技术日新月异，现有技术技能不能满足工作需要。只有再学习，再提高，才能不被社会淘汰。对于就业后返乡二次就业或创业的，对于下岗职工、退役军人、农民工等想学习技能的，学校大门永远向他们敞开。学制灵活，终身服务，提升了职业教育办学吸引力。

四、设置灵活编制，用技能大师提升吸引力

提高教育教学质量的关键在教师。兴安盟采取灵活编制的方式吸引企业技能大师、非物质文化遗产传承人到学校任教。学校聘任的能工巧匠、技能大师或文化传承人，所需资金由财政按高级职称工资拨付给学校。这样既解决了专业课教师数量不足、质量不高的问题，也提高了人才培养质量。如兴安盟高级技工学校是一所以培养技工人才见长的学校，学校重点建设的车加工专业，因缺少专业课教师而渐渐被弱化，学校按照"一个好技师，带出一个好专业"的建设思路，聘任了宏达压铸有限责任公司数控车高级技师老李，老李用师父带徒弟的方式培养出了全国中职学生车加工技能大赛二等奖获得者李冬，填补了自治区在此赛项上的空白，学校车加工专业也因此成为自治区骨干专业，提高了人才培养质量。科右中旗职业技术学校聘请长春一汽高级技师担任汽修喷漆实训指导教师，他培养的学生到盟内外汽修行业就业，月收入达到 8000 元，得到社会高度评价。乌兰浩特市职教中心聘请当地文化名人，设立名人工作室，传承民族文化，满

足了学生对优质教育的需求。

五、制定扶贫政策，用政策兜底提升吸引力

兴安盟是老少边穷地区，也是全国集中连片特困地区。职业教育扶贫是促进贫困家庭脱贫致富的重要手段。盟委行署做出每年给予没考上高中和大学的困难家庭学生补助9300元上职业学院的决定，每年招收1000人。兴安盟6所中等职业学校从学生初二开始，采用登门入户兜底摸查的办法，宣传国家、自治区、盟委行署补助贫困家庭学生的兜底政策，鼓励贫困家庭学生上职业院校学习一门技能，实现一人成才，全家脱贫的目标。

案例五：将民族文化传承作为创建特色校园文化的核心内容

——广西环江毛南族自治县民族文化进校园

民族文化是校园文化的重要源泉和基础，把民族文化引进校园，不仅是对民族文化的传承和发扬，也是创建特色校园文化的重要内容。环江毛南族自治县是全国唯一的毛南族自治县，一直以来，十分重视把民族文化引进校园，充分利用校园这块阵地让广大师生接触到更多毛南文化，认识、理解毛南文化，传承发扬毛南文化，借助在校园传承毛南民族文化，促进学校教育教学和民族团结发展。

一、全县教育基本情况

2014年底，全县各级各类学校290所，在校生总数52760人。有小学180所，其中村完小以上学校135所，教学点45个，小学在校生25456人；普通初级中学14所，初中在校生10941人；普通高级中学2所，中等职业技术学校1所，高中、职校在校生4759人。全县共有幼儿园93所，在园幼儿11604人，其中公办幼儿园9所，在园幼儿4582人，社会力量办园84所，在园幼儿7022人。全县有民族中小学3所，2014年全县各级各类少数民族学生49186人，占总学生数的93.2%。

2014 年底，全县共有专任教师 2807 人，其中，幼儿园专任教师 56 人（不含民办），小学专任教师 1675 人，初中专任教师 801 人，高中教师 223 人，中职教师 52 人。全县少数民族专任教师 2732 人，其中幼儿园少数民族教师 52 人（不含民办），小学少数民族教师 1624 人，初中少数民族教师 796 人，高中少数民族教师 188 人，中职少数民族教师 55 人。少数民族教师占全县教师总数的 97.3%。2014 年少数民族教师比率比 2010 年比率提高 2.3 个百分点。

2005 年 10 月，全县通过自治区级基本扫除青少年文盲和基本普及九年义务教育（以下简称“两基”）评估验收，2006 年 11 月，全县“普及中小学实验教学”工作通过自治区级评估验收，2007 年 6 月，全县“两基”工作通过国家级评估验收，2010 年 9 月，毛南族自治县义务教育学校常规管理达标县创建工作通过自治区级评估验收，全县教育发展迈上了新的台阶。

二、毛南族文化的主要表现形式

1. 毛南民歌。最常见的有《迎客歌》《送客歌》《敬酒歌》表达毛南人淳朴热情好客，毛南壮语山歌，如比朋（见面歌）等。

2. 毛南舞蹈。一是毛南族傩舞，如瑶王舞、穿针舞等 ；二是花竹帽舞，表现的形式也丰富多彩。

3. 毛南民族体育项目。有同顶、同填、同拼、骑同马等形式。

4. 毛南民间棋艺。如三点棋、牛角棋、区棋、圆棋、射棋等。

5. 毛南花竹帽编织工艺。

6. 毛南傩文化。包含毛南族 36 傩面文化内涵，傩面与傩文化活动，傩戏，傩语，傩经，36 傩面雕刻技艺等。目前在世两位雕刻师傅都年近 80 岁，雕刻技艺面临失传。

7. 毛南石雕文化。表现形式有三种，一是墓碑石雕，源于清朝的乾隆初年，鼎盛于清朝的道光年间，毛南山乡的石碑雕刻技艺十分精湛，内容十分丰富，它把中国道教、佛教以及建筑吉祥图案、民间吉祥图案都融入其中，目前毛南山乡清朝宣统以前的立碑有文古墓不下 2000 座。二是建筑石雕，石墙、石阶、石柱等 。三是石雕生活用品。石梭、石磨、石缸等。

8. 毛南剪纸文化。包括剪纸与肥套活动、剪纸艺术等。

9. 毛南民间故事。有毛南族神话传说、人物故事、风物传说、动物故事以及笑话故事等。

10. 毛南族的读书风气。毛南族虽然是一个较小民族，但读书风气一直以来都很浓厚。清朝年间毛南山乡私塾很多，小小毛南山乡在鼎盛时候就有 9 家私塾。古时毛南族有“晨读”习惯和“学薰”制度。毛南古时人才很多，几乎村村有庠生。最多的是波川村高川屯含现在的庭木屯，在清朝 150 年间出了 24 个邑庠生。在民国年间上大学人数惊人，环江全县有 8 人，其中毛南族就有 5 人。毛南在 20 世纪 80 年代以前，全民族文化素质排在全国少数民族最前列。

11. 毛南古建筑文化。有的已经破损严重，特别需要去保护和抢救。

12. 毛南古墓铭文，古墓对联。

13. 毛南生活习俗，民族节日活动。“放飞鸟”“毛南分龙节”等。

14. 毛南民族语言。毛南被汉化、壮化速度惊人，目前全国会说毛南语言的不到 3 万人。

三、毛南民族文化进校园的主要做法

1. 充分认识、挖掘和传承民族文化的意义。毛南民族优秀文化展现毛南民族是一个勤劳能干、尊老爱幼、团结互助、重视教育、善于吸收等优秀品质的一个民族。毛南民族文化是中华民族文化的内容之一，也是中华民族优秀文化的一个分支，是地方各民族文化财富。挖掘传承民族文化的精髓在于利用民族文化的优秀内涵，激励人们特别是本民族人民努力去传承民族优秀品质，发扬民族优秀品质，促进团结，和谐共处，推动各民族共同发展。

2. 成立工作领导小组。为做好毛南民族文化进校园工作，加强宣传、继承和发扬毛南族传统文化，创建民族特色品牌学校，成立了由自治县政府办牵头，县民族局、教育局、文化广电局等相关部门为成员的民族文化进校园工作领导小组，各学校也成立相应的领导机构，切实抓好毛南族文化进校园各项工作。

3. 积极开展民族文化进校园活动

（1）开展“五个一”活动。充分发挥文体活动传承民族文化的载体功能，在学校师生中广泛开展“会说一句民族语言，会画一幅民族题材画，会唱一首民族歌曲，会跳一个民族舞蹈，会讲一个民族故事”的“五个一”活动，增进了广大师生对民族文化和民族风情的了解，增强了民族自豪感。

（2）走民族特色文化之路。多年来，毛南族自治县以下南中学、下南小学、民族中学、环江二小、三小等学校为主要阵地，以发展毛南族特色文化为目标，把毛南民歌、毛南傩面绘画、毛南体育项目、毛南民间棋艺等引进学校，融入课堂，让师生共同感受毛南族文化的精髓和优秀内涵，对激励人们特别是本民族人民努力传承民族优秀文化，发扬民族优秀品质，促进民族团结，和谐共处，推动多民族共同发展，产生了积极的作用。

（3）开展全县中小学校园文化艺术节活动。2011 年以来，毛南族自治县教育局牵头，县文化广电体育局、民族局及民间文艺、美术、书法等部门或团体协作，逢单年举办全县中小学生运动会，逢双年开展校园文化艺术节活动，至今已经举办了三届全县中小学生运动会，两届校园文化艺术节活动，极大丰富和推动了民族文化的发展。

（4）开展民族文化比赛竞技活动。为促进民族文化进校园，创建民族特色品牌学校，毛南族自治县下南中学、中心校、民族中学、环江二小、环江三小等学校积极开展丰富多彩的校园文化比赛或竞技活动。如开展毛南民族歌曲、民族舞蹈比赛及毛南民族体育、民间棋艺竞技活动等，使毛南族文化得到了传承和发扬。

（5）将毛南族民间工艺引进校园。下南中学、中心校及环江三小、民族中学等学校充分利用民间教育资源，将毛南族民间工艺引进校园，培养民族文化的传承者。如聘请民间艺人进校给学生教授毛南花竹帽编织工艺、毛南傩文化（肥套）的渊源与发展、毛南石雕文化的前世与今生、毛南剪纸文化、毛南民间故事的历史内涵等，使师生对民族文化有了更深层次的认识与了解，从而激发他们学习、传承与发扬民族文化的热情。

（6）编写毛南族校本教材，将毛南族文化引进中小学课堂。2013 年 5 月，由县民族局、教育局牵头联合编写的《风情毛南・香美环江》民族文化乡土教材由广西民族出版社出版发行，并发放到各中小学校，教材系统介绍了毛南族的信仰和习俗，毛南族傩文化，毛南族民族饮食、民族节日、民间文学、传统体育以及毛南族民歌等。2014 年 7 月，《毛南族民间故事精选》出版，并被当作校本教材发放到全县各中小学校，让毛南族文化走进了学校课堂，使广大师生对民族文化有了进一步的认识和了解，增强了民族自信心和自豪感。

案例六：弘扬传统文化 坚持立德树人

——内蒙古兴安盟扎赉特旗音德尔第六小学的做法与实践

映着晨曦，音镇北郊，一幢典雅精致的教学楼正悄然挺立，音德尔第六小学迎来了一个又一个崭新的日出。校园里醒目的“爱”与雏鹰展翅高飞的艺术雕塑浑然一体，迎接着孩子们一张张灿烂的笑脸，与他们胸前鲜艳的红领巾交相辉映，孩子们精神抖擞、步伐矫健。几年来，音六小以“仁爱教育”为办学理念，以“弘扬传统文化，坚持立德树人”为办学指导思想，走出了一条独具特色的办学之路。

一、爱之传统——

播撒大爱，薪火相传。爱的血脉源远流长，贯穿于六小八年的历程，强劲着六小年轻的筋骨。

音德尔第六小学始建于2008年9月，它坐落在音德尔镇北郊，地理位置比较特殊，留守儿童约占三分之一，生源参差不齐，“学困生”较多。对此，六小刘校长提出了“仁爱”的教育理念。营造爱的育人环境和氛围，是落实“仁爱”教育理念的重要前提。学校少先队作为德育的一支重要力量，积极为队员搭设“爱”的阶梯和“爱”的平台，培养具有独特气质的新时代的“四有少年”，即“美出修养与特长、学出大气与智慧、玩出健康与情趣、做出责任与妙想”。

刘校长认为：爱的时代精神就是志愿精神、服务意识、公益行动、责任担当，是人与人之间的关爱、和谐、真情、互动。于是，学校把“仁爱教育”理念融入志愿服务活动中，化作爱的行动。学校、家庭、社会处处洋溢着和谐的氛围、体现着服务奉献的志愿精神。

(一)关爱结对,亲情延伸

为了孩子们现在和未来的幸福,六小少先队大队部积极发出倡议:教师每天给学生一声亲切的问候、一个甜蜜的微笑、一句热忱的话语、一次表现的机会,让言传身教影响和感染学生,使学生如沐春风。“博爱厚德、博学明智”,学校始终以“爱”为教育理念,全面关心学生的成长。在课堂教学过程中,使“人人有机会,个个受尊重”;在学生的常规教育上,以博学爱岗为主要形式,让“人人有岗位,个个是主人”;让仁爱的教育理念落实到学校的每一项工作之中。学校德育处还积极开展了亲情教育活动,让留守儿童给远在外地打工的父母打个电话、写封信,以表达孩子对父母的思念之情。学校还将亲情从家庭延伸到学校。自建校以来,每年的五四青年节,成了六小的“关爱结对日”,这一天学校全体教师与留守儿童一对一地结成对子,每位教师都会为留守儿童捐赠衣物和学习用品,并长期对留守儿童进行课业辅导、亲情陪护、心理疏导等工作,此项活动让老师与学生之间充满了浓浓的亲情,也深深地温暖着留守孩子们孤寂的心灵。许多留守孩子的家长都说孩子变得懂事了、理解人了,家庭关系更和谐了。正所谓“浇树要浇根,育人须育心”。

(二)课间广播,传送文明

课间十分钟,当悦耳的铃声响起时,中队里的小小广播员们便开始行动了,“同学们,我们要为了调节身体预防疾病‘多喝水’,为了低碳环保有效节能‘少费电’;同学们,书是智慧的阶梯,让我们与经典为伴,多读书、读好书;同学们,最近我们校园里又涌现出了许多‘活雷锋’,他们是五年一班拾金不昧的王佳莹、六年一班公交车给老人让座的刘晓雪、四年一班帮助低年级学生做值日的许景超……”这些最美的声音传遍了校园每个角落,一个个美德事迹熏染着六小的每一个学生,孩子们从榜样身上汲取着正能量。

(三)身体践行,传递爱心

“三八”妇女节、母亲节、教师节,传统重大的节日,队员们为妈妈和教师送上了写满关爱与感激话语的精美自制贺卡;学校刘俏俏同学患了脊髓炎、赵鑫同学患了脑炎，于是捐款箱内装满了孩子们的爱心与祝福；“七一”“十一”等重大节日，同学们通过红歌合唱、爱国演讲等队活动表达着对党和国家的深深热爱；与罕达罕中心校队员的手拉手活动，使队员们感受到了不同的生活，思想和学习上有了进一步的交流，建立了良好的友情。而且在活动中，他们学会了善待自己，关爱他人，亲近自然，与自然和谐相处……

（四）解读节日，践行孝道

每年的清明节，学校都举行解读清明节、践行孝道活动，邀请我们教师家长、学生家长参加，祭奠、缅怀逝去的英灵，同时孝养生者。学校把教师的父母请到了学校，让他们看看教师的工作环境，了解自己的子女的工作情况。活动中，校长的演讲感染了教师和家长，我们用传统的磕头礼表达了对父母的感恩，同时也为学生们做了榜样。当学生泪流满面地对家长说：“爸爸妈妈，我爱你们”时，心底的那份真善美被激发出来。教师、家长、学生共同接受教育共同进步，这才是走教育的捷径。

庆祝教师节，学校为我们教师的父母赠送“孝亲鞋”，以示父母对儿女的培养功不可没，没有他们的辛苦付出，谆谆教诲，儿女们就没有这份安稳的工作，何谈为国家、社会做出自己的贡献？正所谓“孝由心生，始于足下”，践行孝道理所当然，及时行孝不留遗憾，弘扬孝德，齐家修身，社会和谐。

通过爱的实践付出，表达关爱之心，使更多人感受爱、理解爱、分享爱，这便是六小“仁爱”理念的真谛。

（五）爱心捐赠，情暖校园

音德尔第六小学还围绕“两学一做”活动，向全体党员干部发起了践行新八德活动倡议，成立了音德尔“长善”爱心流动站，在成立仪式上，校长宣读《音德尔第六小学“长善”爱心衣物捐赠倡议书》，随后学校领导、教师代表依次上台进行衣物捐赠，很快，主席台的桌子上就堆满了爱心衣物，一眼望去，鞋子、羊绒衫、牛仔裤、花裙子……不少还是全新的。接着学校贫困家庭纷纷选取了自己所需的衣物，他们脸上洋溢着被关爱的感动和幸福，温情在六小校园静静地流动着。

六小奉献爱心的行动是要一直延续下去的，今后他们还会发动家长、社会爱心人士对贫困家庭进行爱心捐赠，用真爱共同构建一个饱含正能量的爱心家园。

二、爱之创新——

以爱育爱，与时俱进。将优秀传统文化与德育教育有效结合，让爱洒满校园每个角落，融入家庭每个细节。

漫步在音德尔第六小学，便能感受到空气中弥漫着一股书卷气。“父母呼，应勿缓；父母命，行勿懒；父母教，须敬听；父母责，须顺承……”教室里琅琅的读书声不绝于耳，那正是学生们的每日必修课——诵读《弟子规》。为了弘扬中华传统文化，用传统文化精髓引领师生的思想道德风尚，感召学生明礼、知行、知恩、报恩，从2013年4月开始，音德尔第六小学便全面开展了学习传统文化的活动，在全校上下掀起了学习传统文化的热潮。

（一）课题立项，推广实践

传统文化的推广，是“一把手”工程。学习传统文化的构思，是由校长提出的，她在2013年4月初参加了《国家“十二五”课题传统文化对少年儿童的影响的研究》的开题会议后，备感受益良多，于是便开始构想将传统文化引入学校。《弟子规》不是用来背的，而是要用来做的。于是学校党支部积极响应学校的号召，组织教师全员学习传统文化，成立了领导机构，并申报了《国家“十二五”课题传统文化对少年儿童的影响的研究》的子课题“诵读弟子规　感悟美德　知礼明行”。课题得到了国家“十二五”课题组的认可，获得了国家课题立项书，如今，此项课题已经完美结题。

（二）家长学校，洗礼心灵

随着家庭教育的深入开展，音德尔第六小学经常发动班主任做家访。绝大部分学生在学校里各方面表现都良好，但在家里个别学生却仿佛变成了另一个人。有的不爱写作业，有的在家说一不二。这些学生俨然就是家里的“小皇帝”“小公主”，这对学生综合素质与能力的培养非常不利，必将影响其未来的发展。

为此，提升家长素质成了亟待解决的问题。于是，自2012年以来，音德尔第六小学以实现家校携手育未来为目标，积极探索，定期组织家长培训会。本地农村，子女尽孝情况并不乐观。几乎每个村子，都有不少老人未得到子女的有效赡养。三年来家长学校公开课十余次，每次培训会都精心组织，聘请家庭教育专家、扎旗爱心人士及学校领导班子成员为家长们进行家庭教育指导培训，讲孝道，评选优秀家长，学校学员、主讲教师与优秀学生家长合影并发放照片及优秀家长的奖状，以此激励家长时刻做好孩子的榜样。不少家长感动得泪流满面，有的人甚至中途离场，到走廊上大哭。

经过不断的培训，六小家长的听课状态越来越好，由此可以看出家长们正在潜移默化地被熏陶感染着。家长培训会中最让人感动的是“洗脚礼”环节，六小将优秀传统文化中的三叩九拜大礼融入洗脚礼中，通过跪拜父母、为父母洗脚等孝亲活动，当孩子们双手触摸着父母那一双双已经不再年轻的双脚时，家长和学生都流下了动情的泪水。学生们把感悟、感动、感恩凝聚成身体力行、勇于实践的动力，他们纷纷表示要做中华民族传统美德的继承者、传播者、践行者，整个会场被一种浓浓的亲情包围着。

会后家长们又到班级亲自参与展示孩子们主动学习的精彩课堂，孩子们自信乐观、积极向上的学习状态深深地感染着在场的每一位家长。

刘校长趁热打铁，把家长培训会办成了一个“品牌”，讲孝道、讲家庭和谐、讲亲子教育。六小的家长培训会出了名，一到要开课，很多人把自己的亲戚都拉来。村民小李让兄弟媳妇一起来听课，她不来，小李吓唬她：“你不孝敬你婆婆，你孩子能孝顺你吗？”小媳妇乖乖地跟过来了。

经过几年的努力，音德尔第六小学学生家长的家庭教育水平不断提高，学生素质也在稳步提升，学校不断发展壮大，同时受到上级部门的高度认可，收获了丰硕的成果，几次承办了全旗家长学校观摩活动。

（三）教师身教，感动校园

每次外出学习，刘校长都鼓励教师带上摄像机，对学习内容进行全程录像，回来后组织全校师生观看，通过对传统文化的学习，上至教师，下至学生，无不深受触动。教师们秉着身教胜于言传的宗旨，从自身做起，孝敬父母，热爱工作，友爱同事，热爱学生，用自身的行动感化学生，同时，在每周的周末例会上，教师们围绕孝道进行的精彩五分钟演讲更是感动着身边的每一个人。

而学生，是传统文化学习的主体，感受最深，改变最大。当谈到学习传统文化活动的成效时，学校的教师们表示，通过对传统文化的学习，学生们有了全新的认识：由原来对《弟子规》一无所知，到如今的朗朗上口，熟读成诵；上下楼秩序明显好转，打架骂人的现象也明显减少；曾经最调皮、捣蛋、学习态度极差的学生，如今主动向教师承认错误，自觉遵守学校纪律……

六小的三至六年级学生还填写《弟子规德育成长日记》。“学到+做到=得到”的思想贯穿于整个成长日记中，日记有熟读、明理、立志、力行四个步骤，为《弟子规》每句经文列举了力行的具体事项，这样学生就能学到一句，做到一句，而不再停留在只知道理不知如何力行的状态。周一至周五有事项上的锻炼，周六有各种美德活动，周日有对孩子心态的提醒和心灵成长周记。孩子每日的成长都有教师和家长的及时鼓励，启发孩子至诚至善的本性，孩子的成长凝聚了父母、教师的点点关爱。日记也成为连接孩子与父母的家庭教育沟通桥梁。

每年寒暑假，全校每位学生都有一个共同的作业，即与家长共读一本经典书籍，学校制定亲子共读书表，用来记载亲子共读的遍数和感受，并且有家长签字，开学后上交，评出最佳亲子共读明星，亲子共读活动使家长从中得到启示，做好孩子的榜样，成为孩子在家读书的持久动力。

（四）品行教育，深入人心

音德尔第六小学开展传统文化学习活动主要采用“请进来、走出去”课堂体验感悟，校内传统文化展才艺，每日诵读、熟读、背诵，主题队会、班会、自编弟子规操、每周国旗下讲话、与家长联动等多种形式进行。在学习过程中，还邀请演讲教师和社会知名人士进行伦理道德、待人礼仪、为人处世等多个学习内容的专题讲座，并从“孝、悌、忠、信、礼、义、廉、耻”八个品德方面以视频的方式教育学生做人的道理，感召学生知礼、行礼、知恩、报恩。其中国家校园感恩励志演讲团的演讲，演讲了以“感恩励志”为主题的传统孝道教育；学校还邀请了扎旗经过传统文化专业培训的爱心驿站的站长王老师对家长进行传统文化培训；校长在家长培训会上亲自进行感恩励志演讲，刘校长的演讲使学生和家长声泪俱下，从一双双泪眼中能感受到传统文化正在潜移默化地影响着学生、影响着家长。这些内容不仅展现了传统文化的圣洁光芒，也让师生和家长们对中国深厚的文化底蕴有了更加深刻的了解。

学习活动得到了广大师生的喜爱，这对提高学生思想道德素质有极大效果；对丰富校园文化，洁净校园风气，有极大促进作用。一名学生在日记中写道："通过学习，我学会了对父母和老师感恩，懂得了做人的道理，感谢学校为我们提供了学习《弟子规》的机会，我一定会学好知识，了解中国文化，按照《弟子规》的要求规范自己的言谈举止，不与父母和老师顶嘴，虚心听取父母和老师的教育，改进自己。"

如今，走进六小，随处可见学生给老师深深鞠躬的身影；校园文化以中华优秀传统文化为主要内容，熏陶濡染着每一位队员；班级的墙上张贴着《弟子规》《论语》《大学》《中庸》《百孝篇》《千字文》等经典书籍的内容，由班级自选每天进行晨诵。

六小每个班级每天都有一个道德班长，负责全天管理工作，并且每天早上带领学生诵读社会主义核心价值观誓词（践行"富强、民主、文明、和谐"爱国家；践行"自由、平等、公正、法治"爱社会；践行"爱国、敬业、诚信、友善"爱人民；践行社会主义核心价值观，为实现中国梦而努力奋斗！）和新八德行动誓词（孝亲我力行；尊师我先行；友学我互助；长善我表率；救失我自省；守法我必行；落实弟子规；做有道德人）。当学生举起右拳庄严诵读誓词的时候，我们感受到了一股力量在体内升腾，全天的学习生活在这样的一种力量中开启。

音六小通过组织学生活动和家长培训会，传统美德的种子不仅在六小师生的心中根深蒂固，而且也直接影响着学区家长的思想和行为，成为开启他们心灵的金钥匙。

三、爱之鼓励——

育爱少年，爱心永驻。爱的表达润物细无声，它传递着道德力量，回荡起大爱共鸣，演绎出校园真情。

一张张荣誉证书和奖状，成了六小少先队员们努力攀登、积极追求的目标。各级各类争优评比中，涌现出了旗级“四好少年”李爽、旗级“优秀小公民”包文明等优秀少先队员……

（一）学习雷锋，传承精神

每年的学雷锋活动月中，大队辅导员教师向同学们宣读了学雷锋倡议书。学校“红领巾广播站”通过校园广播，唱响了《学习雷锋好榜样》之歌，掀起了向雷锋学习的高潮。每节课课间，广播站及时表扬同学们身边的“活雷锋”，给同学们树立了学习的榜样。“学雷锋志愿服务小队”带着劳动工具向一心村村部进发了，一路上他们高喊着“弘扬雷锋精神，志愿服务社会”的口号，洒下了一路的温暖。班会上，同学们通过看雷锋影片，讲雷锋故事，感受着雷锋精神的伟大，他们纷纷表示要做新时代的“小雷锋”。

学雷锋活动月结束，通过全校师生选举，评选出 12 名“学雷锋小标兵”，刘校长将奖状郑重地颁发给队员们，以表彰他们善于从小处着手、从身边做起，常年坚持、持之以恒，关注社会、奉献爱心、勇于担当的优秀品质。那一刻，“学雷锋小标兵”的优秀思想、美好情怀也传递给了全体少先队员。

（二）“八德”少年，最美明星

为弘扬中华优秀传统文化，践行社会主义核心价值观，全面提高师资队伍育人水平和学生自我管理能力，培养德才兼备的优秀人才，音德尔第六小学引进了“新八德”班级管理模式。

“新八德”包括孝亲、尊师、友学、长善、救失、立志、守法、落实《弟子规》八方面的内容，为了开展好此项活动，六小邀请到新八德讲师团两位教师为全校师生授课，培训内容为《学校新八德教育体系》教学应用，包括新八德班级管理、新八德活动多样课、学生考评和班级文化建设、新八德教育核心内容等课题。

培训会后，音德尔第六小学开始全面实施“新八德”教育管理模式，这是一个具有可操作性的、可以成体系的、能够实现以德促智、学生自治、教师无为而治的教育模式。

学校制定了“八德”之星评比细则，每学期都要评选校园“八德”之星，在校会上进行表彰，将他们的事迹粘贴在学校的宣传栏中，校园广播不断进行宣传。榜样的力量是无穷的，“八德”少年成了六小学生心目中最耀眼的明星，成了他们追逐的道德目标。

弘扬优秀传统文化，坚持立德树人，践行社会主义核心价值观。八年的寒来暑往，八年的拼搏奋斗，六小人用坚实的脚步，踏出了一片春暖花开，他们将带着永恒的温暖、不变的情怀一路向前。

案例七：办生态移民区群众满意的教育

——宁夏中宁县宽口井中石油希望学校工作纪实

伴随着“十二五”以来宁夏中南部地区 35 万生态移民工程的推进，宁夏中宁县大战场镇宽口井生态移民区于 2012 年 8 月建设完成，同时承接了来自宁夏海原县民族贫困山区的移民 1665 户 7250 人，宽口井中石油希望学校便是同期建设而成的一所九年制的配套学校。学校距中宁县城 24 公里，占地面积 32000 平方米，建筑面积 9259 平方米。校园布局合理，教学、办公、餐厅、功能室一应俱全，可容纳 1800 名学生入学。学校现有学生 1253 人，9 个年级，设 26 个教学班，现有教职工 59 人，平均年龄 29 岁。

学校创办以来，以“以人为本 全面发展 责任育人 育责任人”为办学理念，致力于服务宽口井移民群众，教育教学质量和办学条件均得到了极大的提升。学校于 2013 年成功跨入自治区“百所标准化回民学校”行列；2014 年又荣获“中卫市廉政文化进学校示范学校”“中宁县依法治理先进学校”“中宁县先进基层党组织”“教育教学先进学校”“教学质量提升先进学校”“教研教改先进学校”“中职招生先进学校”等荣誉称号；连续两年中考，八、六年级质量测查位居全县农村学校前列，受到了中宁县教育体育局的表彰奖励。

全方位养成教育助力移民学生成长

教育是引导移民融入新家乡的关键。在学校成立之初，很多移民学生还不能适应新的生活和学习环境，对周围的一切感到茫然，无法全身心投入学习。另外，经过走访调研发现，移民父母大多受教育程度低，多年外出打工意味着他们在家庭教育环节的缺失。面对移民学生和家长的普遍问题，学校决定实施全方位的养成教育以促使学生尽快地适应新环境，尽早投入到学习中来。

学校制定了《宽口井中石油希望学校中小学生日常行为规范》，细化到每天早上进校门时见门卫的文明礼貌语，责任到各教室所有的开关（张贴小卡片“小开关，大作为”，责任到学生、班、班主任、领导），延伸到学生课桌的摆放（“定位十字”），时间跨度从进校门到出校门，重点抓好学生的行为习惯训练，培养学生良好的行为习惯。在取得一定成效的基础上，学校深入班级摸清各年级段学生行为习惯方面的突出问题，进而将养成教育进行细化，分别是养成一、二年级学生良好文明礼貌习惯，三、四年级学生良好卫生习惯，五、六年级学生良好学习习惯，七、八、九年级学生良好自律习惯，同时制定各年级段学生良好习惯的培养目标，并对每个年级段实施专人负责制。经过两年的养成教育，学校的风貌已经大为改观，尤其放学时，师生互道再见已成为学校一道亮丽的风景。

活动是孩子的天性，也是使孩子们身心健康成长的主要途径，学校通过一系列的德育活动促进移民学生的养成教育。例如，通过黑板报评比活动，使师生了解良好习惯的重要性和养成良好习惯的途径；通过“弯弯腰，捡回一个干净校园”活动，组织学生到移民社区开展清扫卫生等志愿服务活动，增强学生的环保意识，培养学生良好的卫生习惯；通过打造“书香校园”活动，让学生学会阅读、爱上阅读，并从中培养良好的阅读习惯；通过以“自律”和“诚信”为主题的辩论会，让学生在辩论中深入地思考平时学习生活中存在的现象和问题……学生在活动中感悟，也在活动中成长。

多角度家校共建促进民族团结

教育不仅指学校教育，还有家庭教育。由于移民家庭本身较贫困，从海原县搬迁到中宁县时，大多数有劳动能力的人选择外出打工补贴家用，有的甚至是夫妻两人一起外出打工，移民村内留下了为数不少的留守儿童。孩子的成长中缺失了父母的陪伴，缺少了父母本该给予的关爱和示范。另外，有些家长知识文化水平较低，认为百无一用是书生还不如早点让孩子去打工赚钱，甚至有的家庭中未到法定结婚年龄就安排孩子的婚嫁事宜。面对这种情况，学校承担的不仅是教育学生的责任，还要做好对家长的教育工作。为此，学校专门成立了以校长为组长、以各班班主任为成员的宣教组，通过全校家长会、分级家长会、发放宣传卡、走访调研等途径宣传家庭教育的重要性，通过“学生带动家长、老师引导家长，家长影响学生”的宣教模式使移民村的家庭教育得到了提升。

学校和家长建立了全方位的联系机制。学校在全校范围内开通了“翼校通”，学生的到校情况、教师的要求、作业以及温馨提示等内容都能通过翼校通反映在家长的手机上。学校还通过微信公众平台将学校的德育理念、校园动态发送到家长的微信上，向家长宣传、解释学校教育工作，同时也在微信公众平台上展示学生的各类优秀作品、获奖情况等，让家长能够时刻关注学校教育动态，为学校提出更多的发展建议。同时，学校还开展了一系列引导学生学会关爱父母的“亲情教育”主题系列活动和在家庭中关爱父母的实践活动。这些活动凝聚了家校教育合力，提升移民家长的参与度，让家长意识到家庭教育的重要性和必要性。“家长好示范，孩子好习惯”，只有家校结合，齐抓共管，才能让孩子的行为习惯逐渐巩固成型。

学校是加强民族团结教育非常重要的领域。中宁县汉族人口比重较大，而学校里也基本上都是汉族教师在授课，因而民族团结是学校的又一工作重点。

强化教师培养增添持续发展动力

建校以来，陆续以国家、地方特岗以及事业编等形式注入了大批青年教师任教（全校教师平均年龄仅为 29 岁），他们是学校师资队伍的有生力量，肩负着学校未来发展的重任。这支队伍的素质状况如何，将直接关系到学校的生存与发展。丰富教师教育教学理论，提高教育教学技能，引导青年教师走专业化之路，这是学校面临的刻不容缓的迫切任务和长期性的基础工程。

学校制定了青年教师培训计划，继续利用银川二十一小学、长庆初级中学等结对学校的优质平台，采用“走出去、请进来”的办法，一方面邀请知名专家、教师走进学校指导、交流，一方面组织教师外出参加高层次的培训学习。同时，鼓励教师在教育教学过程中注重科研工作，定期组织研究性工作例会，开展专业发展论坛、经典课例（案例）分析、教育教学优化策略探究等多种研究活动，总结研究经验，撰写研究成果；积极向核心期刊推荐发表优秀论文。学校建立了教师的个人发展档案，科学记录教师成长经历，让每位教师找到自己的“最近发展区”和“独立发展区”，引导他们的自我发展。完善教师发展性评价体系，严格组长对组员《年度自主发展目标书》完成情况的考核，并把经组长签字的考核结果反馈给学校，记入个人档案。

2015 年 5 月，在教育厅民族教育处的搭桥联系下，学校和银川二十一小学共同搭建了“在线课堂”。在线课堂的搭建为学校年轻教师培养提供了一个优质的平台，学校教师可以通过在线课堂同步观看二十一小的授课情况，在实时教学观摩中学习和借鉴最新的教学方法，然后运用于自己的课堂中。同时，学校还借助二十一小的网络备课系统，和二十一小的教师进行集体备课、在线研讨。

挖掘回族文化拓宽民族教育内涵

学校秉承着一校一特一景的原则，深入挖掘了学校的移民文化、回族文化和农耕文化，投入资金建立了独具风格的“回族文化展室”，收集了一系列展示伊斯兰文化特色的物品；收集风箱、木锨、马灯、埙、口弦琴等回族特色器物；组织部分教师到海原移民村落采风，实地考察了移民群众原来的生活环境和生活状态。回族文化展室是校园文化的一部分，更是民族教育的一个实体，在民族教育中扮演着鲜活的角色。

学校充分发动教师挖掘自己所任教学科中民族教育的内容，在学科课程中有效地整合民族教育知识。如思想品德课中有关民族团结的内容，语文课中有关民族风情、民族人物的内容，体育课中有关民族传统体育项目的内容等。学校还成立了女子合唱队，学习演唱民族乐曲，师生还共同练习回族的踏脚舞。

学校组织教师编写了校本教材《中宁——我的新家乡》，在教材中介绍了中宁的风土人情和工农业发展，让回民学生更好地了解汉族，同时教材中也介绍了回族以及其他少数民族的风俗、服饰、饮食等文化，让学生进一步认识民族文化，感受民族文化的博大精深，激发了学生的民族情感，深化民族教育的内涵。

提升办学条件向教育信息化迈进

学校成立以来，依托着宁夏回族自治区“百所回民中小学标准化建设工程”和义务教育均衡发展的仪器配备，办学条件得到了极大的提升。

学校现有计算机 180 台，其中，学生机 121 台，教师机 59 台。2014 年初，学校依托中宁县义务教育均衡发展为每个班级配备了交互式电子白板及相关仪器设备，学校筹资接入了 50M 电信光纤，实现了“班班通”。2015 年 5 月，在教育厅民族教育处的搭桥联系下，学校和银川二十一小共同搭建了“在线课堂”。在线课堂的搭建为学校年轻教师培养提供了一个优质的平台。同年，学校向教育厅民族教育处申请到 50 万元专项资金用于建设全自动录播教室。目前学校的录播教室已完成施工并投入使用。

作为农村新移民学校，学校与县城、市区的学校还有非常大的差距，而教育信息化能够以较低的成本，通过在线教育和远程教育平台，将优质数字教育资源快速便捷地向农村和边远地区扩散，较快实现优质教育资源共享，对缩小地区、城乡、校际的教育差距，促进教育公平、提高教育质量，缓解教育资源不均衡起着良好的促进作用。近期，随着自治区“信息化示范学校”的申报成功，相信在教育信息化的带动下，宽口井中石油希望学校的未来一定会更美好！

案例八：贵州省独山县兴农中学办学实践与经验

独山县是贵州省黔南州的一个国家级贫困县，经济基础薄弱，教育发展滞后。为办好教育、办强教育，独山县委、县政府高度重视，不断深化改革、锐意创新，强力推进教育事业快速发展，为贫困落后地区开辟了一条改变命运的康庄大道。

基于独山县教育实际，独山县委、县政府经过充分调研和比较，于 2013 年 6 月与贵阳兴农中学联合创办具有国有民办性质的独山兴农中学，进行混合所有制民办教育的探索与实践。学校创办后的 2013 年秋季，学校在独山第三中学进行过渡，共有三个年级 1448 人，2014 年 8 月学校搬迁到独山县大学城东校区办学。目前，学校共有教学班 38 个，在校学生 2000 余人，教职工 130 余人，学校占地面积 20 多万平方米，总建筑面积 4 万平方米，教学楼、综合楼、教师公寓楼、学生公寓楼、学生食堂、图书室、阅览室、仪器室、实验室、微机室等基础设施完善，校园布局合理，环境优美。

学校创办五年以来，县委、县政府高度重视学校的发展，多次召开专题会议，研究困扰学校发展的难题，出台支持独山兴农中学自主办学的政策，保证学校享有充分的决策权、人事权和财权。县发改局、县住建局、县财政局、县教育局等有关部门不断加大投入力度，按照贵州省普通高中办学标准配足、配齐教学设备设施，完善学校硬件条件，改善师生工作学习环境，确保学校享有优质的教育资源，为提高教育教学质量提供坚实的基础保障。

在县委、县政府的坚强领导下，在社会各界的鼎力支持下，独山兴农中学秉承“起好步、领好航、出成效、成品牌”的办学要求，集江苏海安、贵阳兴农教育扶贫、独山教育特色于一体，本着团结和谐、负重自强、拼搏进取、开拓创新和精益求精的精神，五年来办学硕果累累，无论全州会考、季考、高考都取得了可喜的成绩。特别是 2016 年和 2017 年高考有 6 人被清华、北大录取，近 50 人被全国十大名校录取，有 80 余人被 985 高校录取。目前，独山兴农中学办学方向明确，办学初步呈现出以下三个特点：

一是学校管理较到位。学校把加强学生思想品德教育放在突出位置，把教育寓于多形式的活动之中，办学五年以来，学生没有出现违法违纪现象，社会反响较好。学校实行了科学的目标量化管理，对教师有严格的师德要求和激励措施，对学生实行严格的日常管理和封闭式管理，收到了良好效果。学校制定了较为严格的规章制度，以制度管人管事，教育教学正常有序。同时，学校把关心学生生活放在非常重要的位置，对学生寝室、饮食安全管理甚为细致。

二是教师全员聘任得到真正落实。学校建立了教师聘任机制，对学校教师实行全员聘任。教师来源于公办学校的在职教师和大学本科毕业生，大部分专任教师学历高、职称高、能力强，能胜任所在岗位的工作。对教师实行量化管理，真正实行“能者上，庸者下”的人员进出机制。

三是教育质量稳步提升。占学生大多数的中等生、中差生是知识和精神的双贫生，如果不教给他们赖以生存的本领和做人做事的基本道德，他们不但可能是社会不和谐的重要因素，而且还可能成为贫困队伍的后备军、需要政府不断扶贫的新对象。兴农中学自开办以来，以这些学习精神双贫的学生为教育对象，努力使他们在兴农中学“品德有长进、学业有提高、升学有希望”。学校以“纠正习惯、补习基础、树立信心”的教育教学模式和“贫富相济，优差相帮”的生源整合办法，通过师生的共同努力，使几乎百分之百的农村贫困优秀学生跨入了包括清华、北大在内的大学殿堂，也使大多数中差生圆了他们及其家长过去想都不敢想的大学梦想。“以质量求生存”。学校把最大限度地提高教育教学质量放在办学首位，有利于控制独山县初中优质生源外流，青少年学生就近求学的愿望得以实现，实现了真正意义上的教育扶贫，既促进了县域经济的繁荣，又促进了社会大局的稳定。

独山县委、县政府创新教育管理模式，深化教育综合改革，对兴农中学的办学实践进行了“国有民办”模式的大胆探索，以推进办学体制改革为突破口，走出了一条符合独山县情和全县教育现状的联合办学发展新路，使独山教育实现了跨越式发展，迈上了更加稳健的发展之路，推动了独山教育呈现出开放而有活力的发展格局，一大批独山学子矢志向学，努力成才，全面提高了独山县域内人力资源的综合素质和整体水平。

案例九：“摆渡教师”的教学与生活

石兰松，男，瑶族，1966 年出生，中共党员，参加工作至今一直是广西上林县西燕镇大龙洞小学刁望教学点的一名普通教师。2011 年，获得中央电视台评选的全国“最美乡村教师”、人民网评选的“十大责任公民”荣誉称号。除了得到中央媒体关注，他的工作也得到广西壮族自治区党委政府的肯定，2012 年被评为自治区优秀共产党员、自治区创先争优“十大先锋人物”，自治区优秀班主任、八桂优秀乡村教师，2012 年 12 月荣获南宁市第二届道德模范敬业奉献奖，2014 年 9 月被评为全国优秀教师和全国中小学优秀德育课教师，2015 年 9 月 8 日获得全国首届“启功教师奖”，是广西唯一获此殊荣的教师。

一是三十年如一日甘做留守儿童的“摆渡教师”。1985 年，高中毕业后的石兰松铭记恩师遗志，到上林县西燕镇大龙洞小学刁望教学点当起月薪仅 36 元的代课教师。该教学点居于全国十大溶岩水库大龙湖边，脚下就是水深超过 10 米的大龙湖，背靠无路可通的大山。教学点部分学生上学必须走水路，为了安全起见，有些孩子监护人没有让孩子来上学。为此，他挨家挨户向群众劝说，不能让孩子小小年纪就只能种玉米、打鱼，并承诺“只要有我石兰松在，你的孩子就会平安回来”。他砍下了自家要建房的大椿树，自己出钱请人造了一艘木船。从此，开始每天在大龙湖上来回摆渡学生上下学。30 年来，他的“摆渡教师”生活就是这么平凡重复着：无论刮风下雨，还是严寒酷暑，石兰松都在固定时间、固定地点摇船在大龙湖上往返四次，来回两个小时左右接送孩子上下学，小木船可以搭载 7 名学生，最多的时候要接送 12 名孩子，只能来回多划两趟，他先后划破 8 艘小木船。30 年来，数百名孩子坐过石兰松的船上下学，他没有让一个孩子失学，也没有一个孩子在上下学路上掉过水，实现水上行船“零事故”，使库区的留守儿童都能上学接受义务教育。

二是三十年如一日愿做留守儿童“心灵陪护人”。库区孩子长到五六岁时就被家长往教学点送，而他们父母从此就长年在外打工谋生。有些孩子根本没接受过学前教育，从一年级开始学起很吃力，他只能从零教起。由于长年没有父母陪伴，缺乏父母情感上的关注和呵护，这些孩子生活习惯和学习习惯较差，给石兰松这个班主任工作开展带来一定困难。但是，他从来没有因此而感到厌烦。覃程程的父母长期在外打工，跟着年逾八旬的爷爷奶奶生活，平时厌学逃课、性格懒惰孤僻。石兰松多次上门家访，与其促膝谈心，在学习上悉心地辅导，生活中把他看成亲生子女关爱。经过不懈努力，他的不良行为习惯慢慢转变，学习不断得到进步。梁国栋性格孤僻任性，不爱上学。石老师用情感转移法使他减少对父母的依赖感，最后他也改掉了不良的毛病，喜欢上学了。石兰松处处真诚对待差生、后进生，特别关注生理有缺陷的学生。覃立志智力弱，8 岁上一年级，说话结巴、五音不全，学习很吃力，别的孩子爱嘲笑他，久而久之他干脆不开口说话。为了树立其自信心，石老师处处有意识地和他交谈，在课堂上多让他回答问题，课后耐心辅导。经过两年多持续跟踪辅导，这个孩子口头表达能力不断提高，学习成绩也不断上升，最后还以优异的成绩完成小学学业，顺利升入中学学习。

三是三十年如一日乐做留守儿童的“生活保姆”。石老师所带的学生90%以上为留守儿童，他们的自我管理能力往往很差，加上家庭条件困难，样子非常可怜。为此，他处处留意学生在校的饥寒冷暖，把学生当成自己的子女一样看待。除了教学外，石老师心甘情愿照顾孩子们的生活起居，管住他们的吃喝拉撒，面面俱到一样不落。学生一到学校，就给他们整理衣服，系上纽扣，衣服、手脸脏了还要给他们洗洗，肚子饿了煮饭给他们吃，学生病了带他们去看病。有一次，梁宏图同学上课时肚子疼得厉害，石老师马上背起他，划着小木船直奔三里外的诊所就医，并垫付300多元医药费。他经常把工资贴补在困难学生娃身上，自己的孩子初中毕业想去读中专，却因为拿不出学费只好放弃。多年来，他就是这样用爱心去点亮学生的心灯，用爱心去演绎师爱、父爱。课堂上石兰松是教师，课堂下更是他们的“家长”。

四是三十年如一日长做留守儿童的“守护神”。教学点在湖边，湖水涨到校门口，稍不留神就可能出安全问题。石老师视孩子的安全高于一切，把学校当成自己的家，每天从早到晚跟随学生，即使下课也形影不离，很少走进办公室。哪家的孩子病了不来学校，他要亲自上门家访，了解情况，排忧解难，践行当年“一个都不能少”的诺言，长当孩子的守护神。

五是三十年如一日当好教学点的唯一教师。从教三十年，石老师所做的工作很普通也很平凡：每天6点准时起床，划着小木船接送学生上下学，然后备课、上课、改作业，给孩子们做中午饭……日复一日年复一年，重复着这样的工作。作为教学点唯一的教师，学校里所有的事务都由石兰松一个人承担。他负责三个年级复式班教学，任语文、数学、美术、音乐等多门功课的教师，从早到晚忙得连轴转。石兰松潜心研究教材教法，先后参加县、镇举办的各种课研活动，积极进行课题研究，积极撰写论文并有多篇论文获奖。注重课堂教学质量，强调学生积极主动的学习态度，教学成绩年年名列全镇前茅。所教的班级班风良好，学生具有良好的行为习惯，多次被评为村、镇优秀班级。教学点适龄儿童入学率100%。

案例十：做教学点的守望者

蓝金威，男，壮族，1955 年出生，从 1978 年参加工作至今一直是广西上林县木山乡琴水小学米汤庄教学点教师。多年来，蓝老师获得多项荣誉，2008 年 11 月获南宁市“我最喜爱的老师”称号，2009 年 9 月被评为“全国模范教师”，2011 年 6 月获广西壮族自治区、南宁市“优秀共产党员”称号，2012 年 9 月获上林县“十佳德育工作者”称号，2013 年 1 月获南宁市“先锋示范岗”称号，2014 年 9 月被评为南宁市民族团结进步创建“五比五争”活动模范个人。36 年来，蓝老师坚守平凡岗位，心甘情愿地为山区教育事业奉献心血。

一是 36 年守在一个教学点从未离开。琴水村米汤庄位于广西上林县木山乡大山深处，四面都是石头山，与乡政府所在地仅有一条长达 18 公里的山路相通，距县城所在地 80 多公里。这里长年缺水，土地贫瘠，经济收入少，生活较为贫困。1978 年，23 岁的蓝老师从师范学校毕业，回到上林县木山乡琴水小学米汤庄教学点教书。当年，教学点就在他家对面的山脚下，有 80 多位学生和 6 位教师，非常热闹。后来，生活的艰苦和环境的恶劣使更多的人离乡弃土投奔他乡，有的甚至举家而去，学生越来越少，教师们也因各种原因相继离开，只有他留了下来。时至今日，他这一留就是 36 年。没有教室上课的时候，没有想过离开山里学生；即使教学点就那么几个学生，也没有想过离开山里教学点；即便 2009 年获得“全国模范教师”称号，也从未想过离开山区学校。每当有人问及为什么能留下来，他总是这样回答：“这里就是我的家，我走了，孩子们怎么办？孩子就是明天，就是希望!”就是这样的信念支撑着蓝老师固守三尺讲台，默默地当起清贫育花人。这一守就是 36 年，守到 2015 年蓝老师即将退休。

二是用自家新房当教室从无怨言。2001 年，米汤庄教学点的校舍因年久失修，被有关部门定为一级危房而无法使用。蓝老师无奈之下，带领学生含泪搬出教室。一些学生因此转学，一些学生亦有了辍学的念头。看着学生一天一天地离去，他心里就像被针刺了一样的痛。于是使出全身招数，经多方联系，终于在一个亲戚那里找到一所空房子作为教室。然而，一年之后，那所房子也被列为危房，他和学生只好回到村前的空地上上课。有一天，下着雨，没法上课，他就在家里改作业。这时候来了几个孩子，在大厅里追追打打，很是热闹。他灵光一闪，把学校搬回家里不就行了吗？现在是挤了一点，等几年后女儿们出嫁了，不就宽敞了吗？他激动不已，立即召开家庭会议，对大家说出自己的打算。这一打算得到大家的同意，心地善良的一家人都为他有一个固定的教学场所而高兴，他和学生终于不用再顶着烈日酷暑冒着寒风冷雨上课了。当日，他就着手对楼房进行布置，首先是一家人搬回原来潮湿、阴暗的瓦房，其次是把新房的大厅改造成为一间教室，在正面墙上挂上黑板，还请人对大厅重新粉刷。搬进去那天，他还特地放了鞭炮。就这样，从 2002 年起，他一家人开始在学生的琅琅读书声中生活。每天早晨，妻子蓝月芳都扛着农具、提上装着一天“伙食”的盒子，走过丈夫的“教室”，走向自家的地；3 个子女也在父亲讲课声中做起家务。那年，他的父亲卧病在床，需要静养，但老爷子却对他说：“天天能看到孩子们，我高兴……”直到老爷子去世，教学点都没有停过课。

三是舐犊情深呵护留守儿童。那两年，村里幼儿到他家上课，家里都有一锅粥和一壶开水为学生们留着，饿了拿碗就吃，渴了拿杯就喝。有哪个头疼脑热的，他亲自照顾。放假了，每天还有孩子来串门，来家里做做作业。这些孩子，早把教室当成了家。乡里教师们都说，他能把自家的新房作教室，却没有向学校索取“租金”，相反平时还为孩子们解决吃住的问题，实在不容易！但实际上，他一家并不富有，一家人的生活仅靠他一人的工资支撑，几年前建新房子时，还向亲戚朋友借了上万元钱。获悉蓝老师事迹后，时任县长多次在全县干部大会上号召全体干部职工向蓝老师学习，学习他爱岗敬业、甘于奉献的精神。2004 年，米汤教学点修建了崭新的教学楼。学生不用挤在蓝老师家里上课了，但他每天依然如故在孩子们身边忙碌。教学点学生其实都是村里留守儿童，不爱学习是他们的通病。有一个学生叫蓝爱国，不开口读书，不交作业。蓝老师翻山越岭到他的家里，当着大人的面教导他。后来，蓝爱国在木山初中小学部毕业考后考上县民族中学，他说这是与蓝老师严格认真的低年级教育分不开的。为了让学生喜欢到校上课，他钻研教材，采用启发式教法，因材施教，循循善诱。在他的抽屉里，一直保留着一面镜子和一把理发刀。学生们头发长了，他就动手为他们理发。

四是爱校如家情缘不断。2010 年，为了丰富学生课外活动，上级拨了五万多元建设学校篮球场，但资金还不够，蓝老师看在眼里，急在心里，毫不犹豫捐款 1000 元，并发动家里人捐款 3000 元用作建设学校球场之用。米汤校在 2014 年 11 月建了围墙和校内地板硬化，在建设中，工人只顾建墙壁，墙脚下没有整理，好多地方凹凸不平，他自己又花了一周的放学时间，把路边的墙脚埋好。蓝老师就是这样爱校如家，毫无怨言地奉献着自己。

附　录

问卷一

中小学（幼儿园）教师队伍状况调查问卷

本项调查的目的主要是了解我国民族地区特困县教师队伍建设情况。本调查所获数据仅供研究用，并采取匿名方式，绝大多数问题采用选择答案方式，只要从中选出一个，在它后面的横线上选出相应的字母即可，希望您能如实地回答问题，感谢您的参与合作！

学校名称：____________　　填写日期：_____年____月____日

第一部分　个人基本情况

1. 您的性别：　　　　　　A 女　　B 男

2. 年龄：

3. 教授科目：

4. 您的民族是

A 蒙古族　B 回族　C 壮族　D 苗族　E 仡佬族

F 毛南族　G 瑶族　H 侗族　I 汉族　J 其他

5. （1）您的教龄是__________

A 3 年或 3 年以下　　　　B 3 年以上至 7 年

C 7 年以上至 15 年　　　D 15 年以上

（2）您是否是双语特岗教师__________ A 是　B 否

6. 您的职称是__________

A 小学初级　B 小学中级　C 小学高级　D 中学初级

E 中学中级　F 中学高级　G 其他

7. 您是否师范类学校毕业：__________ A 是　B 否

8. 您入教师行业的途径：

A 民办转公办　B 直接分配

C 公开招考　D 其他

9. 您是否有编制：__________ A 是　B 否

10. 您现在是__________

A 国家级骨干　B 地市级骨干

C 区县级骨干　D 校级骨干　E 其他

11. 您所学专业与所教科目是否一致？　A 是　B 否

12. 您是否有通过继续教育提升学历？　A 是　B 否

13. 您所在的学校是　A 城市学校　B 县城学校　C 乡村学校

14. 您的教学岗位是　A 双语教学岗位　B 非双语教学岗位

第二部分　语言、教育教学情况

(如果您是母语为非汉语教师，请回答第 15 题。)

15. (1) 您通过的 HSK 考试级别的最高等级是__________

A 未参加过考试　B 未取得等级　C 三级　D 四级

E 五级　F 六级　G 七级　H 八级

I 九级　J 十级　K 十一级

(2) 您通过的 MHK，考试的级别是__________

A 三级甲等　B 三级乙等　C 四级甲等

D 四级乙等　E 其他

16. 您普通话测试等级是__________

A 一级　B 二级　C 三级　D 其他

17. 您掌握使用少数民族语言，属于下列哪种情况？__________

A 很好　B 较好　C 一般

D 较差　E 不会

18. 您在学校内使用语言，属于下列哪种情况？__________

A 课堂和课后都使用民语　　　　B 课堂和课后都使用汉语

C 课堂使用汉语较多　　　　　　D 课堂使用民语较多

19. 这学期，您平均每周的课时数是__________

A 10 节以下　　B 10—12 节　　C 13—15 节　　D 16—18 节

20. （1）您感觉工作压力大：__________ A 是　　B 否

（2）您身边有多少同事会经常加班工作？__________

A 全部都是　　B 大多数　　C 小部分　　D 没有

21. 如果您周边同事遇到教育教学问题，主要会是（限选两项）__________

A 语言障碍　　B 缺少有效教学方法　C 教材难度大

D 家庭教育缺失　E 师生关系　　F 学生对学习缺乏兴趣

G 学生缺课　　H 优质教学资源和配套教辅材料少

22. 您在遇到教学问题时，通常会怎么做？__________

A 自己查找资料　　B 向同事请教　　C 了解学生的想法

D 放在一边　　　　E 其他

23. 您平时使用教育信息技术，属于下列哪种情况？__________

A 经常使用　B 有时使用　C 很少使用　D 从未使用

24. 如果身边有老师觉得教师工作非常没有意思，大家都会觉得__________

A 习以为常，大部分教师都是这种体会

B 可以理解，但毕竟是小部分教师

C 不太可能，身边没有这样的同事

D 不太了解别人的情况

第三部分　培训、学校管理及其他

25. 过去两年中，您参加过教师培训的情况是__________

A 0 次　　B 1—2 次　　C 3—4 次　　D 5 次及以上

（如果您参加过培训，请回答 26 题。）

26. 您参加次数最多的培训是__________

A 国家级培训　　B 省、区级培训　　C 地市级培训

D 县级培训　　E 校级培训　　F 对口支援省市培训

27. 如果可以选择，您最希望接受什么内容的培训（限选两项）＿＿＿＿＿

A 学科教学　　B 教育学和心理学　　C 思想政治和师德修养

D 教育科研　　E 现代教育技术　　F 民族文化

G 汉语能力提高　　H 新课程改革理论与实践

28. 您认为目前远程网络培训效果＿＿＿＿＿

A 效果很好　　B 效果一般，但前景看好

C 效果一般，很难改进　　D 效果很差

29. 您希望接受哪类培训者的培训（限选两项）＿＿＿＿＿

A 大学教师　　B 教研员　　C 专家型一线教师

D 教育行政部门管理　　E 培训基地教师

30. 您认为参加培训对教学工作＿＿＿＿＿

A 很有帮助　　B 有一些帮助　　C 没有帮助

D 很难说

31. 您是否想继续晋升职称？＿＿＿＿＿

A 想　　B 不想　　C 没有想过

32. 您成为一名教师的主要原因是＿＿＿＿＿

A 受人尊敬　　B 稳定　　C 喜欢当教师

D 家人期望　　E 没有其他更好的选择

33. 请在适合您的选项的相应位置打“√”。

	很满意	较满意	一般	较不满意	很不满意
（1）教学工作量					
（2）培训机会					
（3）培训质量					
（4）教师专业成长条件					
（5）教师评价制度					
（6）教师激励措施					
（7）参与学校事务的程度					
（8）人际关系					

续表

	很满意	较满意	一般	较不满意	很不满意
(9) 校长管理工作					
(10) 教材					
(11) 教育教学资源					
(12) 学生学习状态与成绩					
(13) 学生的家庭教育					
(14) 学校（双语）文化环境					
(15) 社区人文环境					
(16) 薪资待遇					
(17) 住房、医疗					
(18) 工作的总体情况					

34. 您觉得政府或学校在教师队伍建设方面有哪些特别有成效的做法？您个人有何建议？

回答完这些问题后，如果您还有什么具体的问题或建议，可以发表在下面空白处，再次感谢您的合作！

问卷二

职业教育教师队伍状况调查问卷

（仅限教师使用）

本项调查的目的主要是了解我国民族地区特困县教师队伍建设情况。本调查所获数据仅供研究用，并采取匿名方式，绝大多数问题采用选择答案方式，只要从中选出一个，在它后面的横线上选出相应的字母即可，希望您能如实地回答问题，感谢您的参与合作！

学校名称：________________　　填写日期：______年____月____日

第一部分　个人基本情况

1. 您的性别是__________　A 女　　B 男

2. 您的民族是__________

A 蒙古族　B 回族　C 壮族

D 苗族　E 仡佬族　F 毛南族

G 瑶族　H 侗族　I 汉族

J 其他

3. 您的教龄是__________

A 3 年或 3 年以下　B 3 年以上至 7 年

C 7 年以上至 15 年　D 15 年以上

4. 您的职称是__________

A 初级　B 中级　C 副高

D 正高　E 其他

5. 您现在是__________

A 国家级骨干　B 地市级骨干　C 区县级骨干

D 校级骨干　E 其他

6. 您是__________　A 在编教师　B 外聘教师

7. 您所教班级是__________

A 中职班级　　B 高职班级　　C 中职、高职班

8. 你所教课程是__________

A 基础文化课　　B 专业技能课　　C 其他

(如果您教专业技能课，请回答第 9 题。)

9. 您现在的情况属于哪类教师？

A “双语双师型”教师　　B “双师型”教师

C “双语型”教师　　D 其他

第二部分　语言、教育教学情况

(如果您是母语为非汉语教师，请回答此题。)

10. (1) 您通过的 HSK 考试级别的最高等级是__________

A 未参加过考试　　B 未取得等级　　C 三级

D 四级　　E 五级　　F 六级

G 七级　　H 八级　　I 九级

J 十级　　K 十一级

(2) 您通过的 MHK，考试的级别是__________

A 三级甲等　　B 三级乙等　　C 四级甲等

D 四级乙等　　E 其他

11. 您普通话测试等级是__________

A 一级　　B 二级　　C 三级　　D 其他

12. 您掌握使用少数民族语言，属于下列哪种情况？

A 很好　　B 较好　　C 一般

D 较差　　E 不会

13. 您在学校内使用语言，属于下列哪种情况？

A 课堂和课后都使用民语　　B 课堂和课后都使用汉语

C 课堂使用汉语较多　　D 课堂使用民语较多

14. 这学期，您平均每周的课时数是__________

A 10 节以下　　B 10—12 节　　C 13—15 节

D 16—18 节

15. 您身边有多少同事会经常加班工作？

A 全部都是　　B 大多数　　C 小部分　　D 没有

16. 如果您周边同事遇到教育教学问题，主要会是（限选两项）

A 语言障碍　　B 缺少合适的教材　　C 学生学习兴趣不高

D 对专业前沿技术发展不了解　　E 师生关系

F 缺少实训设备和机会　　G 专业课程设置不合理

H 学生就业前景不乐观

17. 在遇到教育教学问题时，您通常会怎么做？

A 自己查找资料　　B 向同事请教　　C 向学校寻求帮助

D 了解学生的想法　　E 向企业或社会寻求支持

F 放在一边　　G 其他

18. 您更新专业知识和技能的主要渠道是（限选两项）__________

A 自己搜索网络和书籍　　B 参加各类培训

C 学校提供的教育资源　　D 与企业合作

E 与同领域的专家、同事交流　　F 很少关注更新

19. 您所在学校为学生学习专业技能提供了哪些条件？（可多选）

A 建立校企合作机制　　B 建立提供实习信息平台

C 给学生介绍实习单位　　D 帮助学生创业

E 没有创造条件　　F 其他

第三部分　培训、学校管理及其他

20. 过去两年中，您参加过教师培训的情况是__________

A 0 次　　B 1—2 次　　C 3—4 次　　D 5 次及以上

（如果您参加过培训，请回答 21 题。）

21. 您参加次数最多的培训是（限选两项）__________

A 国家级培训　　B 省、区级培训　　C 地市级培训

D 县级培训　　E 出国培训　　F 对口支援省市培训

F 与企业合作培训

22. 您认为参加培训对教学工作__________

A 很有帮助　　B 有些帮助　　C 没有帮助

D 很难说

23. 您身边的同事，通常会觉得哪类培训的效果最好？__________

A 国家级培训　　B 省、区级培训　　C 地市级培训

D 县级培训　　E 出国培训　　F 对口支援省市培训

F 与企业合作培训

24. 如果可以选择，您最希望接受什么内容的培训（限选两项）__________

A 专业知识和技能　　B 教育学和心理学

C 现代信息技术　　D 汉语能力提高

E 师德或班级管理　　F 学历提升　　G 其他

25. 您身边的同事通常会怎么看待职业教育？__________

A 很重要，各界都很重视

B 很重要，但是各界重视程度不够

C 很一般，教师和学校首先要重视

D 没有前途，而且各界都不重视

26. 您成为一名教师的主要原因是__________

A 受人尊敬　　B 稳定　　C 喜欢当教师

D 家人期望　　E 没有其他更好的选择

27. 如果有选择机会的话，您还会选择当职业院校教师吗？__________

A 会　　B 不会　　C 不知道

28. 请在适合您的选项的相应位置打“√”。

	很满意	较满意	一般	较不满意	很不满意
（1）教学工作量					
（2）培训机会					
（3）培训质量					
（4）教师专业成长条件					
（5）教师评价制度					
（6）教师激励措施					
（7）参与学校事务的程度					
（8）人际关系					

续表

	很满意	较满意	一般	较不满意	很不满意
（9）校长管理工作					
（10）实训条件和机会					
（11）教育教学资源					
（12）学生学习状态与成绩					
（13）学校（双语）文化环境					
（14）家庭、社区人文环境					
（15）薪资待遇					
（16）工作的总体情况					

回答完这些问题后，如果您还有什么具体的问题或建议，可以发表在下面空白处，再次感谢您的合作！

问卷三

我国民族地区特困县学生教育管理服务情况调查问题（仅限学生使用）

本项调查的目的主要是了解我国民族地区特困县学生教育管理服务情况。本调查所获数据仅供研究用，并采取匿名方式，不给个人带来任何麻烦，希望你能如实地回答问题，感谢你的参与合作！

学校名称：________________　　填写日期：______年____月____日

第一部分　个人基本情况

1. 你的性别是__________　　A 女　　B 男
2. 你的学年是__________ 年级__________ 班
3. 你的学号是__________
4. 你的民族是__________

   A 蒙古族　　B 回族　　C 壮族

   D 苗族　　E 仡佬族　　F 毛南族

   G 瑶族　　H 侗族　　I 汉族

   J 其他______
5. 你上学期期末考试在班级里的顺序__________

   A 下　　B 中下　　C 中

   D 中上　　E 上
6. 你上学的方式__________

   A 走读　　B 寄宿
7. 你有宗教信仰吗？

   A 无　　B 有__________教
8. 你家里有几口人？__________
9. 在家里你有自己的房间吗？__________

   A 无　　B 有

10. 在家里你有自己的学习桌吗？__________

A 无　　B 有

11. 你家里有多少册书籍？__________

A 没有　　B 1—9 册　　C 10—49 册

D 50—99 册　　E 100 册及以上

12. 你父母接受教育的程度：父亲__________ 母亲__________

A 没上过学　　B 小学毕业　　C 初中毕业

D 高中毕业　　E 中专、中技、中师毕业

E 大专毕业　　F 大学毕业

13. 你父母的职业：父亲__________ 母亲__________

A 农牧民　　B 售货员　　C 制造业与运输工人

D 服务人员　　E 办公室工作人员

F 行政与管理人员　　G 专业技术人员

14. 你对同学学习成绩好坏的重视程度__________

A 不重视　　B 不太重视　　C 比较重视

D 很重视

15. 你一年当中穿几次民族服装__________次

16. 你每周去清真寺或寺庙、寺院礼拜的次数__________

A 不去礼拜　　B 有时去礼拜　　C 经常去礼拜

17. 你交朋友时重视民族身份吗？__________

A 不重视　　B 不太重视　　C 比较重视

D 很重视

18. 你喜欢学外国语吗？__________

A 不喜欢　　B 不太喜欢　　C 比较喜欢

D 很喜欢

19. 你喜欢看外国电影吗？__________

A 不喜欢　　B 不太喜欢　　C 比较喜欢

D 很喜欢

20. 学校老师教的礼貌、纪律与父母亲教的__________

A 不一致　　B 不太一致　　C 一致

D 很一致

21. 你有过辍学经历吗？__________

A 有　　　　　　　B 没有

有过辍学经历的学生回答：复学的原因是

A 父母的劝导　　　B 老师的劝导　　　C 同学的劝导

D 自己觉得不上学没意思　　　　　　E 还是学校的生活有意思

F 其他

22. 你所崇拜的人物名__________

23. 你喜欢老师用本民族语言讲课还是汉语__________

A 本民族语言　　　B 汉语

24. 你在家用__________跟家人交流；你在学校用__________跟老师和同学交流

A 本民族语言　　　B 汉语　　　C 其他

25. 你对本民族历史和文化的熟悉程度__________

A 不知道　　　B 略知一些　　　C 熟悉

D 非常熟悉

26. 你认为双语教育对提高学习成绩是否有用__________

A 没有用　　　B 不太明显　　　C 有用

27. 你认为学校传递的文化与本民族文化是什么样的联系和关系__________

A 没有联系　　　B 有一点联系　　　C 联系密切

A 和谐的　　　B 有的地方是冲突的　　　C 冲突的

28. 初中毕业后，你打算做什么？（仅限初中生回答）__________

A 升重点高中　　　B 升普通高中　　　C 升职业高中

D 升中师或中技　　　E 在本地找工作　　　F 到大城市工作

G 继承家业　　　H 没想过　　　I 其他

29. 每天你在家学习的时间__________

A 不学习　　　B 30 分钟以内

C 30—60 分钟　　　D 1—2 小时

30. 你家在本地区的生活水平__________

A 不富裕　　　B 不太富裕　　　C 普通

D 比较富裕　　　F 很富裕

31. 请在适合您的选项的相应位置打“√”。

	非常同意	同意	既不同意也不反对	反对
(1) 学好民族语和汉语在本地区就业很有用				
(2) 学好民族语和汉语对升迁很有用				
(3) 学好民族语和汉语符合当地社会发展的需求				
(4) 学好民族语和汉语在大城市就业很有用				
(5) 同时学好民族语和汉语是不可能的				
(6) 同时学民族语和汉语是浪费时间				
(7) 学好民族语和汉语觉得很累				
(8) 学好民族语和汉语能扩大交际范围				
(9) 学好民族语和汉语对升学很有利				
(10) 学好民族语和汉语对接受新的知识和技能很有用				
(11) 用民族语学习汉语会淡化人的个性				
(12) 同时学习民族语和汉语会加重学习负担				
(13) 学好民族语和汉语能对日常生活提供各种方便				

回答完这些问题后，如果你有什么具体的问题或建议，可以发表在下面空白处，再次感谢你的合作！

民族特困地区县域教育发展情况调研提纲

一、特困县基本情况

——区域和人口情况。行政区划、国土面积、现有人口、各少数民族人口数及比例、人口自然增长率、学龄人口变动情况（包括学龄人口数量、性别结构、年龄结构、人口流动）、农村留守儿童和城乡流动儿童情况。

——经济社会发展指标情况。县域 GDP、人均 GDP、财政一般预算收入、工业增加值占 GDP 的比重，优势特色产业发展情况，成人识字率、出生人口的预期寿命。

——民生发展指数情况。收入与就业、文化与教育、生态与环境、居住与出行、安全与健康质量情况，基础设施、科教文卫、生态文明、公共安全、住房保障建设情况；城乡统筹管理、社会保障建设、就业与收入分配调节等。

二、教育发展情况

——教育经费总投入、预算内教育经费情况，教育经费“三个增长”情况，财政教育经费支出占财政支出比例，设立民族教育专项经费（包括重大专项支持项目）情况。

——各级各类教育情况：学前教育、九年义务教育、高中阶段教育（普通高中、中职）情况，民族团结教育、民汉双语教育、中小学理科教学、教师队伍建设、资源建设与教育信息化、民族文化进校园情况，教育质量与自治区、市平均水平相比情况等。

——教育领域贯彻民族政策情况，教育布局结构调整情况，促进县域教育发展的具体措施、主要成绩、基本经验及典型个案、存在的特殊困难和突出问题、原因分析、目标任务、总体思路、对策建议等。

县（旗）教育主管部门访谈提纲

一、如何巩固提高教育教学质量的问题

1. 制约本县教育教学质量在现有基础上进一步提升的因素有哪些？针对这些问题有何意见和建议？

2. 如何在确保教育教学质量和升学率的前提下，抓好素质教育？

二、师德师风及教师队伍建设问题

1. 师德师风建设方面还存在哪些突出问题？产生这些问题的根源是什么？有什么解决问题的办法？

2. 制约教师工作积极性和影响教师队伍稳定的主要因素是什么？有何意见和建议？

3. 教师职称评聘工作存在哪些突出问题？有何意见和建议？

4. 教师培训工作如何开展才能取得实效？

5. 教师队伍在年龄层次、知识结构、专业技能等方面存在哪些问题？有何意见及建议？

三、各类教育协调发展问题

1. 当前学前教育存在哪些问题？有何意见和建议？

2. 乡镇中心幼儿园办学有何困难和问题？如何解决？

3. 县域义务教育均衡发展情况？

4. 职业教育发展存在哪些问题？如何走出当前困境？

5. 对发展民办教育有何意见和建议？

四、学校网点布局及调整问题

1. 乡镇区域内村小和教学点如何布局才比较合理？

2. 如何抓好现有村小及教学点的建设与管理？

3. 制约全县学校网点布局调整的主要问题是什么？对全县学校（小学、初中、高中）网点布局调整有何意见和建议？

五、教育机制体制问题

1. 推进县域教育发展还有哪些机制体制需要完善？
2. 对社会关注的教育热点难点问题有何意见和建议？

学校管理人员访谈提纲

1. 您的教龄、民族、职务情况。

2. 学校办学情况，教育质量在全县中处于什么位置。

3. 学生教育管理服务工作情况，存在哪些困难和问题。

4. 学校教师队伍建设取得了哪些成绩，还存在哪些问题。

5. 学校教师职务评聘工作情况，存在哪些问题。

6. 学校在选拔和培养骨干教师方面做了哪些工作，取得了哪些成绩，存在哪些困难和问题。

7. 学校教师参加培训情况，效果如何，意见建议。

8. 对双语教育的理解，双语教师编制、质量和教育教学情况。

9. 理科教师教育教学水平如何，少数民族学生理科成绩情况。

10. 少数民族学生学习兴趣和学业成就情况。

11. 各民族学生共同学习生活情况。

12. 中职招生、专业设置和毕业生就业状况，如何看待中等职业教育。

13. 如何看待少数民族学生穿戴民族服饰和宗教信仰问题。

教师访谈提纲

1. 您的教龄、民族、教学年级、班级、科目、周课时情况。

2. 如何评价自己的教书育人能力。

3. 您认为双语教师应该具备哪些特殊的知识与技能。

4. 您觉得自己的工资待遇如何，享受特困县教师特殊津补贴情况。

5. 您每天从家到学校往返需要多长时间，上班乘坐交通工具情况，午餐情况，教师周转房或宿舍情况。

6. 您如何看待教师培训，您参加培训的情况（时间、内容、形式、层次、培训者），什么样的培训才有效。

7. 您平时都阅读哪些与教育教学相关和个人感兴趣的书籍。

8. 你认为影响自身专业成长的主要因素有哪些。

9. 您如何看待中等职业教育。

10. 您如何看待少数民族学生穿戴民族服饰和宗教信仰问题。

学生访谈提纲

1. 你的年龄、民族、年级、班级情况。
2. 你的学习和学业成绩情况。
3. 你对于升学就业的打算。
4. 你平时参加哪些课外活动。
5. 你的民族语和汉语水平如何。
6. 各民族同学交朋友情况。
7. 参加过各种竞赛比赛情况。
8. 父母的职业和家庭收入情况。
9. 你认为什么样的老师才是好老师。
10. 心目中理想的自己是什么样子。
11. 你最崇拜的偶像是谁。
12. 平日都看些什么书籍。
13. 回家之后一般都从事哪些活动。
14. 对于双语教育的理解。
15. 为什么读中职，就业意向是什么。

后　记

民族教育事业是我国教育事业和民族团结进步事业的重要组成部分，历来受到党和政府的高度重视。中华人民共和国成立后特别是改革开放以来，国家制定了大量有利于民族教育发展的政策措施，保障和推动了民族教育的快速健康发展，民族教育事业取得了举世瞩目的成就，也积累了弥足珍贵的发展经验。但由于自然、历史、经济社会发展等多方面原因，民族教育发展仍存在诸多困难和问题，其整体发展水平仍滞后于全国教育发展的平均水平，特别是集中连片特困民族地区，其教育发展更为艰难，教育发展水平更为滞后，与内地发达地区教育发展的差距也越来越大。民族特困地区是我国民族教育发展的短板和薄弱环节，是教育精准扶贫、精准脱贫亟待啃下的“硬骨头”。正是基于这种认识，为深入了解民族特困地区教育发展状况，破解民族特困地区教育发展难题，本人于2013年申报了国家社会科学基金教育学国家一般课题“我国民族特困地区县域教育发展现状及对策研究——以内蒙古、宁夏、广西为个案”，并获得立项。本书即是该课题研究形成的成果。

本书由陈立鹏同志负责框架设计、组织开展研究和统稿，各章节具体撰写人为：第一章 陈立鹏、李芳；第二章 李芳；第三章 陈立鹏、李芳、黄慧英、张玲；第四章 陈立鹏、李芳、沈沫；第五章 陈立鹏、张承洪、王颖颖、伊黎娜；第六章 陈立鹏、谢热桑沫、沈沫；第七章、第八章 陈立鹏；第九章 陈立鹏、张玲、李芳。附录部分的问卷、调研和访谈提纲由王颖颖负责设计。

本书是集体智慧的结晶，在研究过程中得到了教育部民族教育司、民族教育发展中心领导与同事的指导、支持与帮助，特别是民族教育发展中心主任郭岩同志多次指导课题的研究，并亲自带队参与了宁夏的调研；民族教育发展中心羌洲、李郭倩、任玉丹等，也积极参与了课题的研究。本书调研得到了内蒙古、宁夏、广西教育厅，四川省理县、贵州省独山县委、县政府及教育局等有关部门的帮助与支持，得到了西南民族大学陈达云教授、中南民族大学杨胜才教授、中国教科院吴霓研究员的指导与帮助，在此一并表示感谢。

本书于 2013 年 12 月正式立项启动研究，至今已五年时间了。这五年，民族教育领域发生了深刻变化，中央召开了第五次新疆工作座谈会、第六次西藏工作座谈会、中央民族工作会议和第六次全国民族教育工作会议，特别是 2017 年召开了党的十九大，确立了习近平新时代中国特色社会主义思想在全党和中国特色社会主义事业建设中的指导地位，以及 2018 年全国教育大会的召开，对民族教育提出了新的任务和新的要求。民族教育必须与时俱进，加快改革发展步伐。与国家大的形势相适应，这五年，也是教育部民族教育发展中心开拓进取、改革创新，不断夯实发展基础的五年。作为国家级民族教育科研平台，民族教育发展中心围绕中央关心、社会关注、百姓关切的问题，围绕教育部中心工作，承担了大量的政策研究、专题调研、文件起草、科研规划与管理、专题会议筹备等工作，行政事务性工作和科研业务性工作繁重，临时性、应急性的工作也不少。我所负责的综合研究室和综合办公室，作为中心的综合业务部门和综合协调管理部门，其工作繁忙程度可想而知，加班加点工作是常态。由于日常工作繁忙，本课题的调研时间、深入研究和思考时间，没有得到充分保证，呈现的成果还是初步的，还有待于今后进一步修改完善。书中不妥之处，恳请读者批评指正！

本书出版得到中央民族大学出版社社长赵秀琴同志的指导与支持，在此深表谢意！

最后，预祝民族特困地区教育早日实现与全国教育同步发展，预祝民族教育事业的未来更加美好！

陈立鹏

2018 年 12 月 1 日于北京